Alexander Rudow

Der Limes
Geschichte – Bedeutung – Wirkung

Alexander Rudow

Der Limes

Geschichte – Bedeutung – Wirkung

3. Auflage
Alexander Rudow, Der Limes.
Geschichte – Bedeutung – Wirkung
© Regionalia Verlag GmbH, Rheinbach

Einbandgestaltung, Layout, Lektorat und Satz: Handverlesen GbR, Bonn

Coverbilder: Palisade (Oliver Luda, *Flickr*), Turm (Carole Raddato, *Wikimedia Commons*), Saalburg (Heribert Pohl, *Wikimedia Commons*), Wachturm Kipfenberg (Heinrich Stürzl, *Wikimedia Commons*)

Printed in Poland 2017

ISBN 978-3-95540-181-8

www.regionalia-verlag.de

Inhalt

Einführung

Festungsanlagen und Mauern sind die beste Möglichkeit, diejenigen, die Getreide essen, in Städten und Häusern leben, Seide tragen und wie Gelehrte schreiten, von jenen Wilden zu trennen, die Wolle tragen und Blut trinken und mit Vögeln und Tieren leben ... Wir sollten die alten Forts im Osten und Westen miteinander verbinden, indem wir Mauern und Verteidigungsanlagen bauen und dort Soldaten stationieren, um Unruhe zu verhindern ... Auf diese Weise wird unsere Autorität zunehmen und die Armee gedeihen.

(Geschichte der Wei-Dynastie (Wei Shu), 5. Jahrhundert n. Chr., zitiert nach Julia Lovell, *Die große Mauer. China gegen den Rest der Welt*, Stuttgart 2007, S. 101)

Warum ziehen Reiche Grenzen?

Für die antiken Chinesen ist China das einzige Weltreich unter dem Himmel und hat daher auch keine echten Grenzen. Das Reich hat nur Randzonen, wo der Einfluss des Kaisers nicht so groß ist wie im Zentrum. Dort gibt es nach chinesischer Vorstellung auch keine Kultur, Städte oder Schrift. Trotzdem gehören die Barbaren zur chinesischen Weltordnung und sollen sich gefügig zeigen. Der Bau der Chinesischen Mauer ist daher nicht als Grenze des Reiches gedacht, sondern als Schutz der zivilisierten Bewohner vor den Barbaren. Diese können aber Chinesen werden, zumindest theoretisch, wenn sie die feine zivilisierte Kultur der Chinesen übernehmen (siehe Bildtafel nach S. 48).

Für das Römische Reich gilt lange der Grundsatz des *imperium sine fine*, der Herrschaft ohne Ende. Dieses Reich ohne Grenzen hat Jupiter laut Vergils *Aeneis* für Rom bestimmt. Auch das Imperium Romanum ist an seinen Grenzen in dieser Sicht von Barbaren bewohnt. Die verlorene Varusschlacht 9 n. Chr. macht dem Römischen Reich die Endlichkeit seiner Ausdehnung bewusst – germanische Stämme unter Arminius vernichten drei ganze Legionen. Augustus beginnt, an die Sicherung der Grenzen zu denken. Plakativ könnte man sagen: ohne Varus kein Limes.

Das Konzept des Limes ist nicht das eines antibarbarischen Bollwerks von militärischer Bedeutung. Man errichtet ihn nicht zum Schutz gegen germanische Heere. Zum einen dienen die Anlagen dazu, marodierende Banden und Räuber vom römischen Territorium fernzuhalten. Zum anderen stellt er auch eine Demarkationslinie dar: Hier beginnt das Römische Reich! Schließlich aber ist der Limes eine überwachte Wirtschaftsgrenze, der auch dem Export der römischen Kultur und Lebensweise dient, der Romanisierung.

Der Limes zwischen Großer Chinesischer und Berliner Mauer

Die Funktion des Limes steht daher zwischen dem Schutz vor Barbaren von außen (Chinesische Mauer) und der Verhinderung von Flucht beim »antifaschistischen Schutzwall«, der innerdeutschen Grenze und Berliner Mauer. Der Obergermanisch-Rätische Limes erinnert an eine semipermeable Membran aus der Biologie, ist also als »halbdurchlässig« oder »teilweise durchlässig« gedacht (siehe Bildtafel nach S. 48 [Foto Wachturm]).

Vor diesem Hintergrund ist es auch zu verstehen, wenn Egon Schallmayer (*Der Limes*, S. 132) in Bezug auf den Limes heute von Völkerverständigung schreibt. Seit 1987 ist der Hadrianswall in Nordengland Teil des Welterbes der UNESCO. Seit 2005 gehört der Obergermanisch-Rätische Limes dazu, seit 2008 auch der Antoninuswall in Schottland. Diese Anlagen sind Teil des Gesamtprojekts »Grenzen des Römischen Reichs«.

Langfristig sollen alle weiteren Grenzabschnitte (Limites) des Imperium Romanum in dieses Welterbe integriert werden. Das trägt dem Prinzip der UNESCO Rechnung, das auf Völkerverständigung ausgerichtet ist. Der Limes steht in diesem Sinne heute für eine Grenze, die die Völker Europas, Kleinasiens, des Vorderen Orients und Nordafrikas trennte, aber auch umschloss. In dieser Deutung führt das Gesamtprojekt »Frontiers of the Roman Empire« dazu, die Ähnlichkeiten in der menschlichen Lebensweise hier und dort, die gemeinsame Geschichte über die Kontinente hinweg, zu verdeutlichen (siehe Bildtafel nach S. 48 [Karte römisches Reich 125 n. Chr.]).

Wachturm der Chinesischen Mauer bei Simatai.

Was ist der Limes?

Einst ist der Teufel sehr unzufrieden. Ruhelos und ohne Heim läuft er auf der Erde umher. Darum bittet er Gott, ihm Land zu geben, auf dem er sein Haus bauen könne. Gott verspricht ihm so viel Land, wie der Teufel in einer Nacht mit seinen finsteren Gesellen ummauern kann. Das Versprechen gilt für alles Land, das bis zum ersten Hahnenschrei vollständig von einer Mauer umschlossen ist.

In der nächsten Nacht macht sich der Teufel eifrig ans Werk. Seine Gesellen haben die Gestalt von Wildschweinen. Sie arbeiten stürmisch drauflos, wühlen und graben, um eine riesige Mauer zu errichten. Von der Donau über die Fränkische Alb schaffen sie Baumaterial aus Steinbrüchen her und schichten sie um den Hesselberg in Richtung Rhein zu einer Mauer auf. Viele Geister und Kobolde werkeln mit.

In seiner Gier befiehlt der Teufel, noch einen großen Bogen in Richtung Main zu machen. Ohne an den südlichen Abschluss zu denken, treibt er seine Helfer im-

mer weiter nach Nordwesten. Als der Rhein erreicht ist, dämmert der neue Tag, aber
der Mauerbau ist noch lang nicht vollendet. Der erste Hahnenschrei ertönt, und der
Teufel muss aufgeben. Voller Wut lässt er die Mauer in Trümmer schlagen und fährt
mit seinen Gesellen in die Hölle. Alljährlich braust er voller Zorn mit seinen Hel-
fern zum Limes und in der Limesgegend durch Wald und Flur.

Dies ist die Sage von der »Teufelsmauer«. Geschichten wie diese liegen Tolstois
Erzählung »Wie viel Erde braucht der Mensch?« zugrunde. Ein interessantes
Motiv über die Gier, die den Gierigen zerstört. Die Sage ist aber auch ein Bei-
spiel für den geistigen Rückschritt nach der Antike. Auch wenn man die
Vorstellung vom Mittelalter als einer finsteren Epoche längst revidiert hat – nach
einer Meisterleistung von Wissenschaft und Baukunst im Altertum erfolgte ein
Einbruch in den Aberglauben. Die damals lebenden Menschen wussten nicht

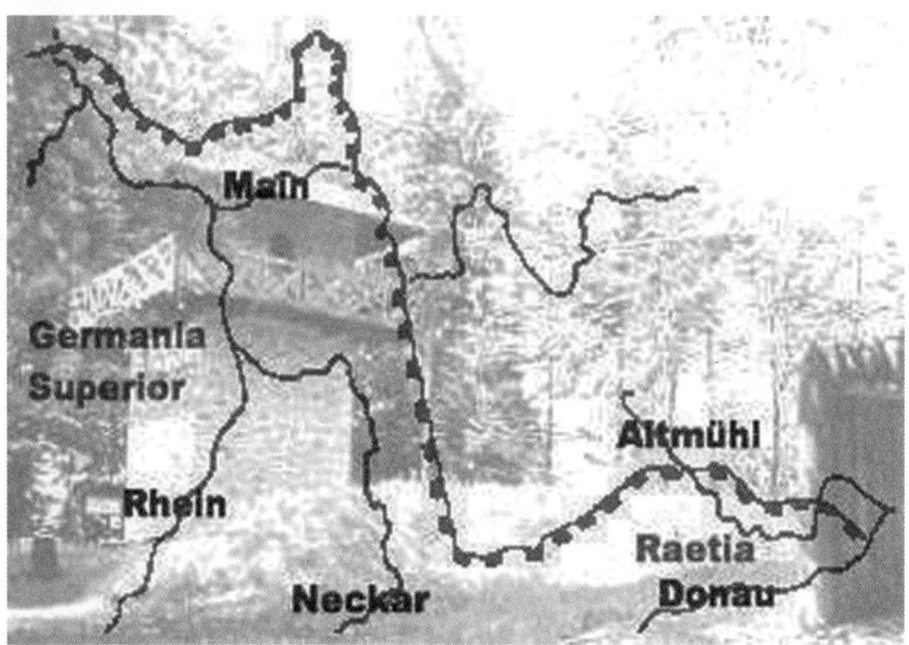

Verlauf des Obergermanisch-Rätischen Limes.

12

mehr, dass die Römer die Erbauer des Limes waren. Im Volksmund hält sich die Bezeichnung »Teufelsmauer« bis heute.

Wissenschaftler diskutieren die genaue Funktion bis heute

Unter Historikern und Archäologen ist die exakte Funktion des Limes auch im 3. Jahrtausend n. Chr. nicht genau geklärt. Die Wissenschaft nimmt heute mehrheitlich an, dass jedenfalls der Obergermanisch-Rätische Limes keine reine militärische Demarkationslinie war. Sein Hauptzweck bestand vermutlich darin, die Wirtschaftsgrenze des Imperiums zu überwachen. Anders als die Chinesische Mauer war er auch gar nicht dazu geeignet, ein Bollwerk gegen feindliche Heere zu bilden.

It's the economy – das Imperium Romanum verfolgt trotz seines starken Militärs eine geschickte Wirtschaftspolitik. Dadurch dehnt es seinen Einflussbereich weit nach Nordosten aus, über den Limes hinweg. Davon zeugen die vielen Grenzübergänge. Sie werden zwar von Soldaten gesichert, ermöglichen aber trotzdem einen regen wirtschaftlichen Austausch. Das beweisen die zahlreichen Funde römischer Relikte im rechtsrheinischen *Germania magna*, dem »freien Germanien«, bis hinauf nach Jütland und Skandinavien.

Der Obergermanisch-Rätische Limes ist zudem ein Ausgangspunkt für die weitere Romanisierung der Germanen. Das Imperium will jenseits der Grenze römische Legionäre ansiedeln oder dort Auxiliarsoldaten (Hilfstruppen) anwerben.

Wie kam es zum Begriff des »Bollwerks gegen Barbaren«?

Heute halten viele Deutsche den Obergermanisch-Rätischen Limes dagegen immer noch für ein Bollwerk gegen die Barbaren. Dabei ist dieser Abschnitt der römischen Grenzanlagen besonders gut erforscht und zählt zu den bekanntesten Limites. Wie kam es dazu? Die systematische und wissenschaftliche Erforschung des Obergermanisch-Rätischen Limes beginnt in Deutschland 1892 mit der Reichs-Limeskommission (RLK). Ihre Studien sind damals bahnbrechend. Allerdings interpretiert die Kommission den Limes in Deutschland als defensives Bollwerk.

Theodor Mommsen, erster Vorsitzender der Reichs-Limeskommission.

Vor hundert Jahren beginnen britische Archäologen außerdem am Hadrianswall mit ersten wissenschaftlichen Ausgrabungen. Auch sie denken bei diesem Abschnitt des Limes an eine Befestigung für einen Stellungskrieg – konzipiert zur Abwehr der Barbaren. Im Rahmen dieser wissenschaftlichen Debatte fragt man sich: Was war die Abwehrtaktik der Römer? Bekämpften die römischen Soldaten die Eindringlinge von ihren Kastellen und Wällen aus oder traten sie ihnen schon im Vorfeld des Limes entgegen?

Im Kalten Krieg verhindert die unmittelbare Erfahrung des Eisernen Vorhangs (und der Berliner Mauer), neue Wege zu gehen, um die Funktion des Limes zu bestimmen. Aus diesem Grund ist abseits der Fachwelt das Bild vom Limes als Bollwerk immer noch dominant. Die Bewertungen etwa der Reichs-Limeskommission müssen heute aber wegen neuer wissenschaftlicher Erkenntnisse teilweise revidiert werden. Dadurch kommt man zu der Ansicht: Der Limes war primär eine bevölkerungs- und wirtschaftspolitische Steuerungs- und Kontrolllinie.

Man vermutet heute mehrere Funktionen des Limes

Zu dieser Steuer- und Kontrollfunktion tritt nach heutiger Anschauung, dass die Römer den Barbaren auch ihre Bau- und Ingenieurskunst demonstrieren wollten. Wenn man an den späteren Mythos von der »Teufelsmauer« denkt als Erklärungsversuch der Menschen für die vorgefundenen Überreste der Anlagen des Limes, dann mag man sich vorstellen, wie sehr diese vormals die germanischen Stämme beeindruckten. Vor allem aber konnte die römische Verwaltung mithilfe der Sperranlagen den Handel und die Migration auf bestimmte Grenzübergänge lenken und dadurch den Handel in den Provinzen kontrollieren. An den Grenzübergängen ließen sich auch Zölle erheben und der Zuzug ganzer Bevölkerungsgruppen regulieren.

Der Eindruck der Berliner Mauer beeinflusste auch die Rezeption des Limes.

Egon Schallmayer (*Der Limes*, S. 10) kommt daher zu der Bewertung des Limes als »Linie der Begegnung‹, an der Völkerschaften miteinander in Kontakt traten, die auf unterschiedlichen kulturellen und zivilisatorischen Niveaus lebten«. Resultiert aber die heute herrschende Ansicht nicht auch nur aus einer Spiegelung unseres Zeitgeistes? Aus dem Wunsch nach einem »Europa der offenen Grenzen«? Der britische Althistoriker C. R. Whittaker schreibt dazu: »Our preconceptions about frontiers have been shaped by our own history« (S. 2). Unsere Vorstellungen von Grenzen sind also von unserer eigenen Geschichte geformt.

Wie ist der Limes in seiner Zeit zu verstehen?

Welche Scheuklappen unserer Zeit wir tragen, das werden erst nachfolgende Generationen beurteilen. Jedenfalls wurde der Limes lange als undurchlässige Reichsgrenze angesehen, gerade im Zusammenhang mit der Reichs-Limeskommission im 19. Jahrhundert, als man eine Grenze als absolute Trennlinie zwischen Nationalstaaten ansah. Diese Interpretation wird allerdings dem antiken Römischen Reich nicht gerecht. Sie überträgt das neuzeitliche Denken in Nationalstaaten auf eine Zeit, in der es solche noch gar nicht gab.

Das Verständnis eines undurchlässigen Limes wurde damals auch von einer Auslegung der Tacitus-Texte beeinflusst, die die Grenzanlage erwähnen. Viel zitiert ist eine Stelle aus der *Germania*, 29, 4:

Non numeraverim inter Germaniae populos, quamquam trans Rhenum Danuviumque consederint, eos, qui Decumates agros exercent: levissimus quisque Gallorum et inopia audax dubiae possessionis solum occupavere; mox limite acto pro-motisque praesidiis sinus imperii et pars provinciae habentur.

(Nicht zu den germanischen Völkern möchte ich, obwohl sie jenseits von Rhein und Donau ihre Wohnsitze aufgeschlagen haben, diejenigen zählen, die das Zehentland [*Decumates*] bebauen. Gerade die leichtfertigsten unter den Galliern haben, durch ihre Armut verwegen gemacht, diesen Boden bei unklaren Besitzverhältnissen eingenommen. Seitdem danach die Schneisen/der Grenzwall [*Limites*] gezogen und die Besatzungen weiter vorgeschoben wurden, gilt dieses Gebiet als Ausläufer unseres Reiches und als Teil unserer Provinz.)

Der Beiname Tacitus bedeutet »der Schweigsame« – dieser römische Historiker hat jedoch auch zum Limes einiges zu sagen.

Die Übersetzung von *limes* ist entscheidend. Tacitus benutzt den Begriff in den erhaltenen Schriften sieben Mal. Der Autor verwendet ihn exklusiv in einem militärischen Kontext, nämlich im Hinblick auf Eroberungsphasen der römischen Armeen, in denen noch keine Landvermessung und -verteilung stattgefunden hatte. Wenn das Wort *limes* auftaucht, geht es darum, den »undurchdringlichen germanischen Urwald« mit öffnenden Schneisen zu strukturieren, zugänglich zu machen und dadurch zu kontrollieren und zu beherrschen. In dieser Deutung beschreibt Tacitus mit *limes* keine festgelegte Außengrenze des Imperium Romanum (Moschek, *Der Römische Limes: eine Kultur- und Mentalitätsgeschichte*, S. 50 ff.).

Wie ist »limes« zu übersetzen?

Der Begriff leitet sich ursprünglich von den lateinischen Wörtern *limus* (quer) und *limen* (Türschwelle) ab. Zuerst verstehen die Römer darunter nur ein Feld, das durch Grenzsteine (*termini*), Holzpfosten oder Landmarken (Bäume, Flüsse) begrenzt wird. Ab Julius Cäsar bezeichnet man als *limes* auch Heerwege mit befestigten Wachtposten und Marschlagern auf einer Waldschneise oder rasch angelegten Straßen im Feindesland. Die ursprüngliche Bedeutung ist daher »Querweg«, »Schneise«, vor allem »Grenzweg« – dies im Kontext der Einteilung eines Raumes oder Erschließung eines Geländes.

Zur Bestimmung einer Landesgrenze wird der Begriff *limes* in der Antike zuerst ausdrücklich nicht verwendet (Planck/Thiel, S. 79). Das liegt daran, dass das römische Bewusstsein während der Republik und der frühen Kaiserzeit keine Grenzen des Imperiums akzeptiert. Augustus empfiehlt seinen Nachfolgern erst kurz vor seinem Tod, die gewonnenen Gebiete zu sichern. Das führt zur schrittweisen Etablierung fester Grenzen. Es ist nicht bekannt, wie die Römer die Verläufe von Palisaden, Gräben und Wällen selbst nennen (Planck/Thiel, a. a. O.).

In der Mitte des 2. Jahrhunderts n. Chr. schreibt der alexandrinische Geschichtsschreiber Appian in seiner »Römischen Geschichte«, dass die Römer »... ihr Reich mit großen Armeen umgeben und das ganze Land und selbst die See mit einer gewaltigen und starken Festung eingekreist haben«. Im 3. Jahr-

hundert n. Chr. (der Zeit der Soldatenkaiser)
gilt ein Abschnitt einer Provinz als Limes,
wenn er eine Grenze zum *Barbaricum* hat.

Kaiser Hadrian prägt unser heutiges Bild des Limes

Die Beschreibung bei Appian von der
»gewaltigen und starken Festung« geht auf
die Grenzpolitik Kaiser Hadrians zurück
(Regent von 117 bis 138 n. Chr.). Er
möchte das Ideal Roms verwirklichen, die
Einheit von Stadt und Weltkreis (*urbi et orbi*). In
Ovids »Fasti« findet sich die Stelle (2, 684 f.):
»Andere Völker haben ein Gebiet mit festen Grenzen: Nur bei dem römischen
deckt sich die Stadt mit dem Erdkreis.«
Dieses Ideal der Einheit verkörpert am
besten die Mauer. Ab Hadrians Regierung nimmt der Limes die Gestalt an, die
wir heute am besten kennen: ein System von
zahlreichen Wehranlagen, die an einer Linie
aufgereiht sind. Zuerst bestehen sie aus Erde
und Holz, später dann aus Stein.

*Unter Kaiser Hadrian beginnt die uns
heute geläufigste Form des Limes.*

Der Austausch der Völker am Limes

Wenn zuvor gesagt wurde, der Limes sei mit einer semipermeablen Membran
zu vergleichen, so gilt dieser Vergleich nur für die Schutzwirkung nach außen:
Kleinere Gruppen und Händler etwa sollen ihn passieren können, Heere nicht.
Der Limes ist aber auch nach außen hin offen und ermöglicht einen Austausch
der Völker, ähnlich wie bei einer Membran, die Osmose erlaubt – so weit dann

wieder die Parallele zur Biologie. Der Limes ist also nie ein »eiserner Vorhang«. Er ermöglicht den alltäglichen Austausch von Menschen, Waren und Ideen: Römer betreiben Geschäfte im *Barbaricum*, Germanen und andere Stämme wechseln ins Imperium.

Der Limes ist weder genormt noch lückenlos. Er sagt den Völkern an den Grenzen des Reiches: Hier beginnt das Imperium Romanum – seine Macht, sein Recht, seine Baukunst und seine vielen anderen Errungenschaften. Wer ins Imperium hinein will, muss die Kontrollposten passieren und sich Rom unterordnen. Wer dazu nicht bereit ist, wird bestraft. Natürlich soll der Limes auch klarstellen, dass das Römische Reich wehrhaft ist. Nach innen steht der Limes für eine deutliche Abgrenzung zur nichtrömischen Welt. Er vermittelt den Völkern des Imperiums lange Zeit ein Gefühl von Sicherheit und Zusammengehörigkeit.

Ein Zeichen von Resignation oder Furcht?

»Die *Pax Romana* aufrechtzuerhalten, ist für die Legionen kein Vollzeitjob. Meistens reicht es, dass es sie überhaupt gibt«, schreibt Philip Matyszak in *Legionär in der römischen Armee* (S. 126). Allerdings trifft dieses Zitat für die Sicht, die man im Jahre 100 n. Chr. unter Kaiser Trajan hatte, zu. Für die Militärlager (Kastelle) dieser Zeit gilt jedoch: »Zunächst muss man anmerken, dass ständige Legionslager keine Festungen sind. Weder beim Bau noch bei der Ortswahl für das Lager ist die Verteidigung ein Hauptgesichtspunkt. Schließlich steckt ja eine *Legion* drin, und Legionen im 1. Jahrhundert n. Chr. brauchen keinen Schutz – vor nichts und niemandem.«

Anders gesagt: Wer sich einmauert, scheint das nötig zu haben. So sehen es zumindest die fremden Völker irgendwann. Sie ziehen andere Schlüsse, als Rom das beabsichtigt. Es entsteht der Eindruck, das Reich habe Angst vor den Barbaren und verschanze sich hinter Palisaden und Mauern. Somit wird der Ausbau des Limes auch zu einem ersten Anzeichen von Roms Schwäche. Auch die Römer selbst müssen sich angesichts des Limes eingestehen, dass die Expansion des Reiches nicht endlos ist, sondern an ihre Grenzen stößt.

Dieses Bild, das die Eroberung Roms im 4. Jahrhundert v. Chr. durch die Gallier thematisiert, zeigt die Angst der Römer vor den Barbaren.

Wie lässt Rom seine Grenzen überwachen?

Wo die Grenze entlang natürlicher Barrieren verläuft, ist die Überwachung relativ einfach. Am Obergermanisch-Rätischen Limes bilden der Rhein und die Donau solche Barrieren. Die Römer verfügen über eine Flotte, die den germanischen Booten weit überlegen ist. Am Ufer stehen die Infanterie und Kavallerie des Imperiums. Im Vorderen Orient macht sich Rom die Wüsten zunutze. Euphrat und Tigris bilden das Pendant zu Donau und Rhein. Zum Limes gehört ein gut ausgebautes Straßennetz. Es ist mit den Hauptverkehrsstraßen verbunden und ermöglicht es den Truppen, schnell zu Gefahrenpunkten zu gelangen.

Am Rhein, Donau und am Hadrianswall herrscht ein ausgeklügeltes System der Überwachung. Der Obergermanisch-Rätische Limes umfasst rund 900 Wachtürme und 120 Truppenlager (auf einer Länge von 550 Kilometern). Die Wachtürme sind die ersten Vorposten des Reiches und stehen zueinander in Sichtverbindung. Bei Gefahr schlagen die wachhabenden Soldaten Alarm mit Posaunen, Rauch- oder Feuersignalen. Damit verständigen sie die Nachbartürme und schließlich die Kastelle im Hinterland. Dieses Frühwarnsystem ist ausgesprochen effektiv. Auf jedem Wachturm tun bis zu acht Mann der Auxiliar-(Hilfs-)Truppen Dienst, der mehrere Wochen dauert. Dabei patrouillieren sie auch in ihrem Abschnitt und kontrollieren die Grenze.

Ein Wachturm mit Palisaden in Germanien.

Was trägt der Limes zur Abwehr bei?

Es ist selbstverständlich utopisch, das ganze römische Imperium einzumauern oder eine durchgehende Verteidigungsanlage zu errichten. Schon im »wilden« Germanien wäre so ein Unterfangen aussichtslos. Es wird sich immer wieder zeigen, dass der Limes eine Kontrollzone ist, gedacht für Friedenszeiten, ein Streifen für Polizisten und Zöllner. Und schließlich wird die römische Infrastruktur vor dem Limes dem Imperium nicht nur zuträglich sein: Auf den ausgebauten Straßen können sich auch die eindringenden Heere schnell bewegen.

Rom wendet daher lange eine Mischtaktik an, bestehend aus militärischer Abschreckung, Drohungen und Bündnissen (*foedera*). Die römischen Gesandten stehen in ständigem Kontakt mit den Völkern hinter dem Limes. Rund um das Imperium entstehen so Pufferzonen, in denen Vasallen herrschen oder Anführer, die Rom die Treue halten. Dieses Bündnissystem beweist, dass Rom dem Limes allein nicht seine *securitas* aufbürdet. Die verbündeten Stämme sollen die feindlichen vom Gebiet des Reiches fernhalten. Dafür beschenkt Rom die Getreuen: Waffen, militärische Unterstützung und viel Geld fließen den Verbündeten zu.

Dadurch werden die Romtreuen aber auch immer mächtiger, was sich im Laufe der Zeit als Problem erweist. Ebenso dient die Öffnung der römischen Armeen für Nichtrömer einerseits der Romanisierung, andererseits gibt Rom damit aber auch das Wissen um seine militärischen Organisationsstrukturen und Kampftaktiken weiter. Im Falle eines Arminius endet das fatal für das Imperium

Arminius dient längere Zeit im römischen Heer. Hier soll er »die Ketten Germanias« sprengen.

(wie die Varusschlacht zeigt). Durch die Ausbildung anderer Barbaren können fremde Völker Rom zudem immer besser die Stirn bieten.

Der Limes bildet die Linie, an der die Armeen aufgestellt sind

In Erinnerung an Matyszaks Zitat zu den Militärkastellen: Was feindliche Heere wirklich an den Grenzen abwehren soll, das sind die gut ausgebildeten römischen Armeen. Diese sind fast ausschließlich am Limes konzentriert. Von hier aus betreiben die Soldaten weitreichende Aufklärungsaktivitäten, um drohende Gefahren für die Grenzprovinzen einschätzen zu können. (Anders ist das nur in Syrien und Ägypten – hier finden sich die Legionen auf die großen Städte verteilt.) Trotz der massiven Stationierung von Militär bleibt es aber dabei, dass der Limes im Wesentlichen als Friedensgrenze konzipiert ist. Anders gesagt: Nicht für den Krieg, sondern für den Frieden ist der Limes errichtet worden.

Die Armeen an den Grenzen sind den Anforderungen der Verteidigung des Imperiums auf Dauer nicht gewachsen. Zudem verschlingen sie enorme Geldsummen, bis sie schließlich unfinanzierbar werden. Hinzu kommen die Probleme, die es bereitet, genügend Soldaten für die gewaltige Außengrenze zu rekrutieren. Die Grenzarmeen werden oft erst dann aktiv, wenn der Feind sich schon tief im Innern der Provinzen befindet. Darin zeigt sich die Unfähigkeit Roms, solche Durchbrüche schon im Ansatz zu ersticken.

Wie ist der Limes erforscht?

Wenn sich, wie bereits angesprochen, die Frage stellt, ob jede Epoche, also auch die heutige, den Limes gemäß ihrem eigenen Zeitgeist betrachtet dann bezieht sich das nicht auf den technischen Fortschritt. Denn durch diesen können Archäologie und Geschichtswissenschaft zum Teil ganz neue Erkenntnisse erhalten.

Das Wesen der deutschen Limesforschung vor dem 19. Jahrhundert lässt sich wie folgt charakterisieren: »Römisches Reich trifft auf deutsche Kleinstaaterei«. Immerhin erwächst im Renaissance-Humanismus das Interesse am Limes als

Karte mit einer der frühesten Einzeichnungen des Limes von 1728.

Rest einer Anlage aus römischer Zeit. Die abergläubischen Sagen um die »Teufelsmauer« weichen einer wissenschaftlichen Auseinandersetzung. Die *Annales* und die *Germania* des Tacitus werden im 15. und 16. Jahrhundert wiederentdeckt und fördern die Erforschung der alten Grenzanlagen. Gelehrte wie Simon Studion (1543–1605) erforschen Inschriften und entdecken Kastelle. Studion leitet

24

archäologische Ausgrabungen des Kastells Benningen an der Neckarlinie des Neckar-Odenwald-Limes. Es gründen sich auch regionale Limeskommissionen; sie bleiben aber durch die Kleinstaaterei territorial sehr beschränkt.

Bahnbrechend: die Reichs-Limeskommission

Aus Sicht der Limesforschung ist daher die Reichsgründung 1871 ein Glücksfall. Erst jetzt können Archäologen den Verlauf des Obergermanisch-Rätischen Limes im Ganzen betrachten. Sie beginnen mit systematischen Ausgrabungen. Dazu gründet sich 1892 die Reichs-Limeskommission (RLK) mit Sitz in Berlin. Ihr erster Vorsitzender ist Theodor Mommsen, Althistoriker, Literatur-Nobelpreisträger und »gegenwärtig größter lebender Meister der historischen Darstellungskunst, mit besonderer Berücksichtigung seines monumentalen Werkes *Römische Geschichte*«, soweit das Zitat aus der Begründung des Nobelpreis-Komitees für die Preisverleihung im Jahr 1902 (siehe Foto auf S. 14).

Die Arbeit der Kommission ist eine Pioniertat zur Aufarbeitung der provinzial-römischen Geschichte. Die ersten zehn Jahre sind besonders produktiv: Man rekonstruiert den Verlauf des Obergermanisch-Rätischen Limes und benennt die Kastelle entlang dieser Grenze. Ab 1894 erscheinen die Forschungsberichte (bis zur Auflösung der Kommission 1937) unter dem Namen *Der obergermanisch-rätische Limes des Roemerreiches (ORL)*. Der Kurztitel dieser Publikation lautet *Limeswerk*. Sie umfasst 15 Bände. Sieben davon befassen sich mit der Strecke und acht mit den einzelnen Kastellen. Die Unterlagen befinden sich heute bei der Römisch-Germanischen Kommission des Deutschen Archäologischen Instituts.

Welche Mittel setzt die heutige Archäologie ein?

Und in unserer Zeit? Was geschieht heute beim Deutschen Archäologischen Institut? Unter anderem beschäftigt man sich dort mit dem »Archaeolandscapes-Projekt«. Dessen Hauptziel ist es, moderne Fernerkundungstechnologien wie LiDAR (*Light Detection And Ranging*, auch »LaDAR« genannt: *Laser Detection*

And Ranging), aber auch andere Techniken wie Bodenradar, elektrische und magnetische Verfahren in der Archäologie zu etablieren. Diese Methoden haben gemein, dass sie das Untersuchungsobjekt nicht zerstören, weil weder »Hacke und Spaten« (so die alte Vorstellung) noch Pinzette notwendig sind.

Was ist LiDAR/Laserscanning?

LiDAR ist dem Radar verwandt. (Radar steht für *radio detection and ranging.*) Die Methode dient der optischen Abstands- und Geschwindigkeits- sowie der Fernmessung atmosphärischer Parameter. Statt der Radiowellen beim Radar verwendet LiDAR Laserstrahlen. Die Methode kommt beim Airborne Laserscanning zum Einsatz. Laserscanner sind optische Systeme, die Landschaftsoberflächen und -strukturen vermessen. Airborne-Laserscanning-Systeme werden in Flugzeugen oder Helikoptern eingebaut und dienen der Erstellung von digitalen Gelände- und Oberflächenmodellen.

Dazu scannt ein Laser beim Überfliegen das Terrain ab und registriert die Entfernung zu allen erfassten Objekten durch die Messung der Laufzeit des Signals. Damit ergänzen die Laser die Luftbildfotografie, die zwar farbige Bilder liefert, dafür aber aufwendig nachbearbeitet werden muss, damit man daraus Höheninformationen gewinnen kann. Gute Scanner können mit einem einzelnen Laser-Puls mehrere Reflexionen und ihre Intensität detektieren – über Waldgebieten etwa lassen sich so nicht nur die Baumkronen erfassen, sondern auch der Boden.

Die Luftbildarchäologie (archäologische Flugprospektion/Luftbildprojektion) im weiteren Sinn macht sich auch das Laserscannen zunutze. Sie setzt Flugzeuge, Hubschrauber, Ballons und Drohnen ein, um Stätten von archäologischem Interesse aus der Höhe zu erfassen. Die Archäologie verwendet zudem Aufnahmen aus dem Weltraum, etwa von Satelliten oder einem Spaceshuttle. Die Technik ermöglicht es, selbst komplett verschüttete Anlagen zu lokalisieren, indem man die Vitalität der darüber wachsenden Vegetation erkundet.

Welche neuen Erkenntnisse gewinnt man damit über den Limes?

Der Obergermanisch-Rätische Limes ist an vielen Stellen oberirdisch unsichtbar geworden. Gerade in Wäldern sind seine Ruinen aber oft von einer intensi-

Rekonstruktion der römischen Bäder in Weißenburg (Bayern) nach Daten der Laserscan-Technik.

ven landwirtschaftlichen Nutzung, Überpflügung und Einebnung verschont geblieben. Allerdings lassen sich im dichten Wald viele Befunde nicht sicher verorten oder erkennen und einordnen. Hier liefert der Airborne Laserscan eine Fülle hochinteressanter und wichtiger Erkenntnisse. Die gepulsten Laserstrahlen dringen durch das Geäst der Bäume und erreichen den Waldboden. Sein Bewuchs und das Unterholz lassen sich herausfiltern, sodass die Wissenschaftler die darunter verborgenen Geländedenkmäler, Grabhügel, alten Ackerterrassen, Wegesysteme usw. in Computermodellen sichtbar machen können.

Limes-Forscher benutzen heute also Hightech. Ein Infrarot-Laserscanner lässt sich etwa unter einem Helikopter befestigen und kann dann das Bodenprofil des Limes zentimetergenau abtasten. Dabei vermag er große Flächen im Zusammenhang zu untersuchen. Insbesondere große Strukturen, die für den Beobachter am Boden unsichtbar bleiben, werden erst aus der Luft erkennbar. Die Daten geben die Lage alter Wälle und Gräben an, sogar die der Pfostenlöcher der einzelnen Wachtürme. Das dreidimensionale Bild des nackten Erdbodens zeigt geometrische Formen, die auf unterirdisch verborgene Bauwerke verweisen.

Was ist der Bodenradar und wie erforscht man damit den Limes?

Auch der Bodenradar erlaubt archäologische Fernerkundung: Ein Sender schickt elektromagnetische Wellen mit einer Frequenz von einigen Hundert Megahertz in den Boden. Eine Antenne fängt die reflektierten Signale auf. Nun misst man die Stärke des Signals und seine zeitliche Verzögerung. Beides hängt von der Bodenbeschaffenheit und dem Wassergehalt ab. Die Informationstiefe beträgt zwei bis vier Meter.

Was der Bodenradar bewirken kann, zeigt das Beispiel *Carnuntums* im heutigen Niederösterreich, eines römischen Militärlagers zum Schutz des Pannonischen Limes und einer gleichnamigen Stadt. Mit dem Bodenradar können Forscher dort sehen, wo einst Kanalanlagen und Wasserleitungen verliefen und wo die von der Fußbodenheizung erwärmten Räume lagen. Aus den Daten lassen sich dreidimensionale Modelle bauen, die die Gebäude zeigen, wie sie einmal waren. Mithilfe des Bodenradars haben Archäologen 2011 dort die Gladiatorenschule entdeckt, die sich so vollständig rekonstruieren ließ, dass Wissenschaftler weltweit von einer Sensation sprechen (siehe Bildtafel nach S. 112).

Wie nutzen Archäologen Geomagnetismus zur Erforschung des Limes?

Dem Erdmagnetfeld überlagert finden sich minimale Abweichungen durch die unterschiedliche Magnetisierbarkeit verschiedener Materialien. Eisenhaltige Stoffe etwa sind besser zu magnetisieren und bilden deshalb selbst eine Art Magnet mit eigenem Feld. Besonders stark magnetisiert sind Strukturen aus gebranntem Lehm, weil sich beim Abkühlen die eisenhaltigen Minerale nach dem Erdmagnetfeld ausrichten und dadurch selbst zu einem stärkeren Magneten werden. Grabenfüllungen sind oft recht magnetisch, weil es Bakterien gibt, die in ihrem Körper ein magnetisches Mineral enthalten. Solche Bakterien findet man in Böden, wo Pflanzenreste verrotten. Die Informationstiefe beträgt einen bis zwei Meter.

Die magnetischen Bakterien haben der Forschung u. a. im Kastell von Ruffenhofen (Franken) weitergeholfen. Grabungstechnisch hat man das Kastell immer noch nicht erschlossen, und oberirdisch ist davon nichts mehr sichtbar. Trotzdem weiß man, dass hier römische Kavallerie stationiert war, und zwar vor 1 800 Jahren. Dies verraten auffällig strahlende magnetische Bakterien, die im Pferdemist gedeihen und im Magnetbild der Geophysiker leuchten. Wertet man diese Magnetbilder in Kombination mit Luftaufnahmen aus, so lassen sich die römischen Befestigungsanlagen lokalisieren und bestimmen.

Luftbild des bepflanzten Kastells Ruffenhofen.

Welchen Vorteil bietet Geoelektrik, um den Limes zu erforschen?

Die Geoelektrik setzt man oft alternativ oder ergänzend zur geomagnetischen Erkundung ein. Man rammt dazu zwei Elektroden in den Boden, legt einen Gleichstrom an und misst den elektrischen Widerstand. Materialien haben eine unterschiedliche elektrische Leitfähigkeit. Eine große Rolle spielt dabei auch der Wassergehalt. Archäologen messen meist horizontal. Die Summe der Messwerte ergibt dann ein Bild, das Strukturen unter der Erdoberfläche erkennen lässt. Die Informationstiefe beträgt bis zu vier Meter.

Die Vorteile der Geoelektrik lassen sich am Beispiel des Kastells Arnsburg (Hessen, bei Gießen) illustrieren: Dort beeinträchtigt der basaltische Untergrund des Plateaus nämlich die Resultate der geomagnetischen Messungen und da hilft die Geoelektrik weiter. Ihre Ergebnisse decken sich weitgehend mit denen der Grabungen der Reichs-Limeskommission von 1893. Allerdings gelingen mit der archäologischen Fernerkundung aufsehenerregende Neuentdeckungen. Besonders das *vicus* (Lagerdorf) ist in Struktur und Ausdehnung dank der Prospektionen erstmalig zu erschließen, samt einer Umwehrung. Vergleichbare Umwehrungen von Kastelldörfern waren bislang im obergermanischrätischen Limesgebiet kaum nachgewiesen.

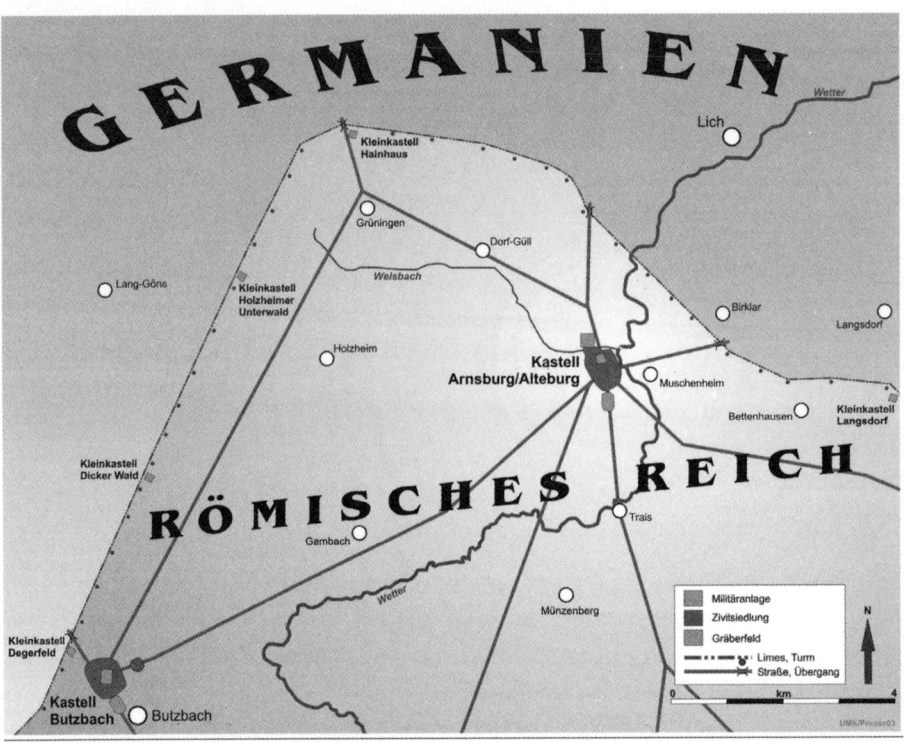

Limes in der Wetterau, Hessen, mit den Kastellen Arnsburg und Butzbach.

Wie beurteilt die moderne Geodäsie den Limes?

Geodäsie nennt man die Erdvermessung. Landvermesser der Gegenwart haben den Verlauf des Limes u. a. in Baden-Württemberg untersucht. Nach Tausenden von Messungen ergibt sich, dass der Limes auf einer Strecke von 50 Kilometern nur eine Abweichung von 90 Zentimetern aufweist. Es ist anzunehmen, dass diese Präzisionsarbeit der antiken Supermacht die »barbarischen« Stämme beeindruckte. Man mag spekulieren, dass die Genauigkeit der Grenzlinie auch zur Abschreckung gedacht war. Die Strecke wirkt wie mit einem Lineal durch die Landschaft gezogen. Diese Exaktheit schreibt man der Verwendung der *Groma* durch die römischen Landvermesser zu. Die *Groma* ist ein Instrument, das Lot und Visierkreuz kombiniert, ein Vorläufer des Doppelpentagonprismas. Sie ist zur Absteckung rechter Winkel konzipiert.

Rekonstruktion einer Groma.

Wie entwickelt sich der Limes?

In Tacitus' *Annalen* (1, 11) findet sich die Stelle: »*consilium coercendi intra terminos imperii*«. Augustus habe vor seinem Tod (14 n. Chr.) seinem Nachfolger Tiberius den Rat gegeben, das Reich nicht noch mehr zu vergrößern und innerhalb dessen Grenzen zu verbleiben. Zu diesem Ratschlag mag Augustus auch die Niederlage in der Varusschlacht (»Schlacht im Teutoburger Wald«) bewogen haben – so es den Rat denn wirklich gegeben hat. Vielleicht meint Augustus mit »Grenze« auch den Orient, wie Dieter Timpe vermutet (S. 34). Tiberius beruft sich jedenfalls angeblich auf den Ratschlag seines Vorgängers, als er Germanicus um 16 n. Chr. von seinen Feldzügen in Germanien zurückbeordert. Trotzdem erreicht das Imperium seine größte Ausdehnung erst unter Trajan (98–117 n. Chr.).

Am Anfang steht Augustus

Der Ratschlag des Augustus stellt allerdings einen Bruch mit der Forderung nach einem *imperium sine fine* dar, einer Herrschaft ohne Ende/Grenzen. Dieser Anspruch Roms führt zu einer besonderen Art von Karriereleiter: Eroberungen sind ein probates Mittel, um die besetzten Gebiete zu plündern und damit enorme Vermögen zusammenzuraffen. Diese stellen das Billett zum Eintritt in die höchsten Machtpositionen dar. Auch das mächtigste Reich stößt aber mit seinen Eroberungen irgendwann an Grenzen. Im Fall des Augustus bedeutet dies: Die *Pax Augusta*, wie die *Pax Romana* nach ihm auch benannt wird, trägt bereits die Vorstellung in sich, im Innern des Imperiums habe Frieden zu herrschen, nach außen hin müsse dieses jedoch wehrhaft sein.

Die *Pax Augusta* bedeutet also keineswegs Frieden für die Völker außerhalb des Imperiums, sondern zunächst einmal das Ende der Bürgerkriege, an denen Augustus (noch als Octavian) selbst beteiligt ist. Der von ihm hergestellte Frieden gilt nur im Reichsinnern (Graf/Beard, S. 413; James, S. 275). Nach außen hin betreibt Augustus in erster Linie die Konsolidierung des Reiches an den von Euphrat, Rhein und Donau gebildeten Grenzen. Die Bedrohungen von außen sind zu dieser Zeit auch begrenzt: Das Partherreich (um den heutigen Iran) bleibt friedlich, und die Germanenstämme sind aufgespalten.

Die *Pax Augusta/Pax Romana* bedeutet nach römischem Selbstverständnis neben dem inneren Frieden zugleich immer auch militärische Beherrschung des Weltreiches. Dazu tritt der grundsätzliche Wille zur offensiven Grenzpolitik, zur Expansion und zur Erweiterung des *orbis Romanus*, wie er sich in den Feldzügen in Britannien, Germanien, Dakien, Asien und Nordafrika im Laufe des 1. Jahrhunderts n. Chr. zeigt. Das Imperium Romanum expandiert unter Augustus wie nie wieder, weder davor noch danach.

Geltungsbereich der Pax Romana zur Zeit der größten Ausdehnung des Reiches, 117 n. Chr. unter Trajan.

Wie sichert man ein Reich ohne natürliche Grenzen?

Unter Augustus haben die Legionen an den Grenzen also nicht nur Einfälle von Barbaren abzuwehren, sondern auch Angriffskriege zu führen. Mit der Expansion an Rhein und Donau erstreckt sich das Römische Reich im frühen 1. Jahrhundert n. Chr. nun im Norden auf unterentwickelte Gebiete, die teils mit dichten Wäldern bewuchert sind, ohne Verkehrswege oder größere Siedlungen. Diese Regionen sind über Hunderte von Kilometern nicht mehr durch natürliche Grenzen (Gebirge oder Flüsse) zu sichern.

Das Problem beschränkt sich aber nicht nur auf die nördliche Grenze – in Nordafrika haben die Römer den Übergang von der Steppe in die Wüste erreicht, einen enormen, nahezu menschenleeren und öden Grenzsaum. Unter Claudius (41–54 n. Chr.) wird das Mittelmeer endgültig zum Binnenmeer (*mare internum/mare nostrum*) des Imperiums, als sich mit der Schaffung der Provinz Mauretania die letzte Lücke an der Küste schließt. Im Osten bietet sich das gleiche Bild: In Kleinasien stößt man auf die Steppen und Wüsten jenseits von Euphrat und Tigris.

Somit stellt sich im Norden, Osten und Westen dieselbe Frage: Wie sind diese großen Gebiete dauerhaft zu halten, zu sichern und politisch/wirtschaftlich zu beherrschen? Aber auch, wo es Ströme wie Rhein und Donau gibt, gilt: Zwar bilden diese natürliche Grenzen, aber an diesen soll römischer Handel und Verkehr stattfinden können. Diese wichtigen überregionalen Wasserrouten muss Rom kontrollieren und überwachen.

Rom braucht Profis, um die Grenzen zu sichern

Es ist nicht einfach, eine Weltmacht zu sein, und noch weniger, es zu bleiben. Für diese Aufgabe braucht Rom Profis. Ursprünglich sind die römischen Armeen ein Bürgerheer, das aber um 100 v. Chr. durch eine Reihe von Reformen in Richtung einer Söldnerarmee reformiert wird. (Es handelt sich wohl um eine Reihe von Entwicklungen, die in der älteren Forschung ganz dem Feldherrn und Staatsmann Gaius Marius [157–86 v. Chr.] zugeschrieben werden, daher noch das Schlagwort »marianische Heeresreform«.) Augustus schafft dann um die Zeitenwende ein stehendes Berufsheer.

Dieses stehende Heer der römischen Kaiserzeit ist dem modernen bereits sehr ähnlich. Das zeigt sich schon in der straffen Ausbildung. Besonderen Wert legt die Armee auf die Ausbildung an der Waffe, den Waffendrill und Formaldienst als Gefechtsdienst zur Stärkung der Disziplin. Das Ergebnis sind Gruppen von hervorragend durchtrainierten Männern, die teilweise von den Ausbildern und Vorgesetzten brutal gedrillt worden sind und im Bedarfsfall ebenso brutal durchgreifen, ohne zu zögern.

Aber die Soldaten des Imperiums stellen nicht nur disziplinierte Krieger dar, sondern auch hervorragende Handwerker. Die römische Armee beschäftigt Fachhandwerker und Ingenieure. Aber auch der normale Legionär ist oft Soldat, Handwerker, Koch, Verwalter und Bauer in einem. Um in der Legion aufzusteigen, braucht ein Rekrut (*munifex*) geradezu besondere Kenntnisse in Handwerken, wie Klempnerei, Waffenherstellung oder Schreinerei.

Schon einfache Gefreite (*immunes*) können in einer ganzen Reihe von speziellen Bereichen arbeiten, etwa als *architecti* (Baumeister), *ballistrarii* (Geschützbediener), *capsarii* (Sanitäter), *fabri* (Schmie-

*Die Instrumente der römischen Landvermesser (*mensores*) nötigen bis heute Bewunderung ab..*

de), *ferrarii* (Eisenschmiede), *gubernatores* (Steuerleute), *lapidarii* (Steinmetze), *librarii* (Schreiber), *medici* (Ärzte), *mensores* (Landvermesser), *naupegi* (Schiffbauer) oder *sagittarii* (Bogenschützen oder Pfeilmacher).

Schneisen im Wald sind der Ursprung

Mox limite acto promotisque praesidiis sinus imperii et pars provinciae habentur.

(Seitdem danach die Schneisen/der Grenzwall [*limite*] gezogen und die Besatzungen weiter vorgeschoben wurden, gilt dieses Gebiet als Ausläufer unseres Reiches und als Teil unserer Provinz.)

Dies ist der Schlusssatz der oben zitierten *Germania* des Tacitus. Die römische Strategie besteht darin, den »germanischen Urwald« durch Schneisen/Limites zu strukturieren, zugänglich zu machen und dadurch zu kontrollieren und zu beherrschen. Dieses Prinzip gilt schon für Julius Cäsar in Gallien (58-50 v. Chr.), der das Gebiet bis zum Rhein unterwirft. Ihm stellt sich das Problem, dort mit dichten und fast unzugänglichen Wäldern konfrontiert zu sein, in die sich die Gallier schnell zurückziehen können. Darum lässt Cäsar lange Schneisen in die Waldgebiete schlagen.

Auch nach der verlorenen Varusschlacht im Jahre 9 n. Chr. verfolgt Rom noch den Plan, die Nordgrenze an die Elbe zu verlegen. 30 Jahre lang führen Drusus, Tiberius und Germanicus groß angelegte Feldzüge in *Germania magna*, dem »freien Germanien«. Dazu lassen sie nach Cäsars Vorbild die Wälder großflächig abholzen und dort befestigte Wege anlegen. Die Holzstämme werden an den Seiten zu Barrieren aufgeschichtet, die vor Angriffen der Germanen schützen sollen. Das Holz dient auch der Errichtung von Marschlagern, also »Militärlagern für unterwegs«.

Später dienen die Schneisen als provisorische Verkehrs- und Signalwege für die noch nicht ganz eroberten Gebiete östlich des Rheins, die durch hölzerne Wachtürme und Kastelle gesichert werden. Die Waldschneisen sind jahrelang die wichtigsten römischen Aufmarschwege, obwohl die Vegetation sie schnell überwuchert, sodass sie ständig freigehalten werden müssen.

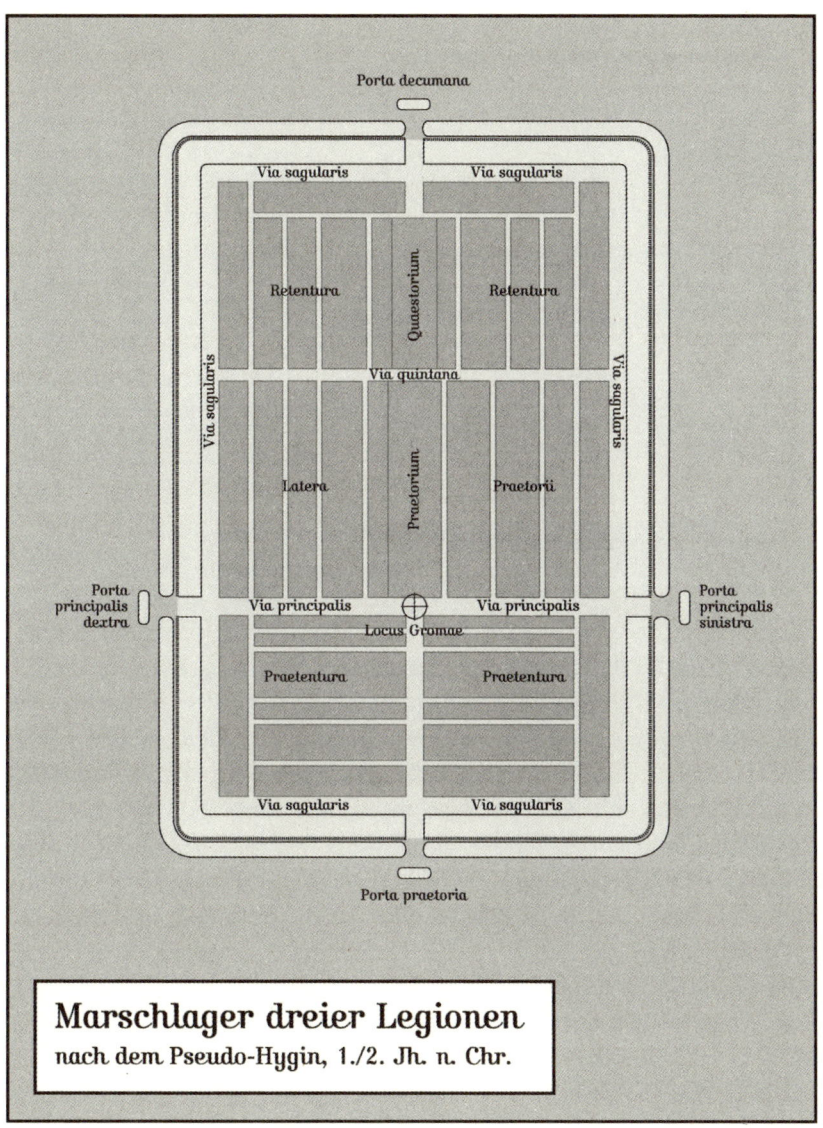

Marschlager dreier Legionen
nach dem Pseudo-Hygin, 1./2. Jh. n. Chr.

Ein Marschlager für drei Legionen, rekonstruiert nach der anonymen »Bauanleitung« De munitionibus castrorum.

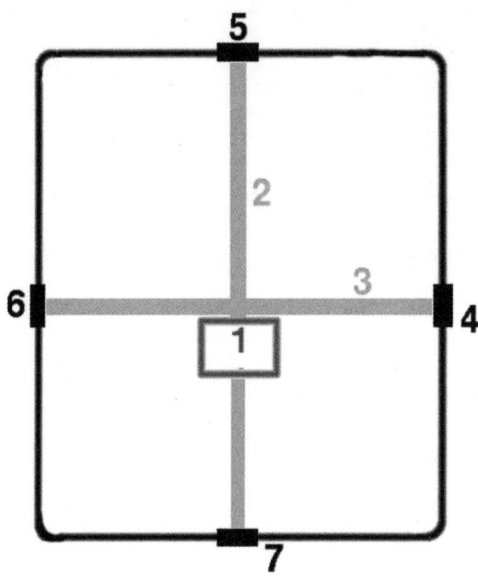

Schema eines ständigen römischen Militärlagers: 1 *Principia* 2 *Via praetoria* 3 Via principalis 4 Porta principalis dextra *(rechtes Tor)* 5 Porta praetoria *(Haupttor)* 6 Porta principalis Sinistra *(linkes Tor)* 7 Porta decumana *(Hintertor).*

Indirekte Kontrolle des Barbaricums über den Limes

Nach für das Imperium verlustreichen Kleinkriegen ziehen sich die Römer wieder hinter Rhein und Donau zurück. Entscheidend ist dabei wohl: Der Krieg ist teuer. Er frisst Menschen und Material. Den Strategen am Tiber genügt die indirekte Kontrolle Germaniens. Tiberius verweist auf seine eigenen Kämpfe in dieser Region, in denen er »*plura consilio quam vi*«, also »mehr durch kluges Vorgehen als durch Gewalt« (Tacitus, *Annalen*, 2, 26, 3) erreicht habe. Jedenfalls bleiben im Wesentlichen Rhein und Donau für die Restzeit des Römischen Reiches die Grenze. Als zusätzliche Sicherung richten die Römer an den östlichen/nördlichen Ufern Sperr- und Pufferzonen ein. Dies geschieht durch Drohungen und Verträge, die es den germanischen Stämmen verbieten, sich in diesen Gebieten niederzulassen.

Unter Claudius (41–54 n. Chr.) entstehen an Rhein und oberer Donau die ersten durchgehenden Ketten aus Wachtürmen und Beobachtungsposten. Sie sichern die Verbindungswege zwischen den Siedlungen und Kastellen. Bedeutende Städte wie Köln, Mainz, Wien, Budapest, Belgrad etc. gehen in ihrem Kern auf die großen Legionslager oder Hilfstruppenkastelle zurück. Diese entstehen nun in rascher Folge an den Ufern der beiden Ströme und werden meist an den Einmündungen anderer Flüsse in den Strom angelegt.

»Ausländer« besetzen und bewachen den Limes

Unter Domitian (81–96 n. Chr.) macht man sich in den 80er-Jahren n. Chr. daran, die Linie der Kastelle und Wachtürme zu verbessern und die Anlagen in Sichtweite zueinander aufzubauen. Die Kenntnis der Entfernung zwischen den Kastellen erlaubt einen viel effektiveren Einsatz der Grenztruppen. Die Soldaten am Limes bilden hauptsächlich Auxiliar-(Hilfs-)Truppen, abgesehen von der Führungsebene und einigen Ausnahmen. Die Auxiliarsoldaten sind keine römischen Bürger, besitzen nicht das Bürgerrecht. Man rekrutiert sie meist aus besiegten oder verbündeten Stämmen, aus allen römischen Provinzen. Römische Bürger dienen in den Legionen, die direkt am Limes nicht vertreten sind.

Die Auxiliartruppen stellen eine Speerspitze dar, wenn es darum geht, die Provinzen zu romanisieren. Diese Einheiten werden bald vor Ort rekrutiert. Dadurch geht die ursprüngliche Bindung der Truppen an eine Ethnie rasch verloren. Eine Hilfseinheit kann also weiterhin *Parthica* oder *Helvetica* heißen, ohne dass der Name mehr als eine Erinnerung an ihre Anfänge wäre. Als kleinster gemeinsamer Nenner der Auxiliarsoldaten bleiben nur die lateinische Sprache und die römische Lebensweise. Zudem erwerben die Veteranen das römische Bürgerrecht. Ihre Nachkommen treten daher oft auch in die römische Armee ein. (Siehe Bildtafel nach S. 112 [Nachstellung eines Auxiliarsoldaten].)

»Missing link«: die Verbindung von Rhein und Donau

Das Land zwischen den Oberläufen von Rhein und Donau heißt bei Tacitus (die bekannte Stelle, *Germania*, 29, 4): *agri decumates/decumates agri*, zu Deutsch: »Zehntland/Dekumatenland«. Es ist nicht durch eine natürliche Grenze gesichert Und von den Flaviern (Kaiser von 69 bis 96 n. Chr.) erobert worden. Um die Verbindung zwischen den beiden Flüssen herzustellen, kehren die Römer fast 70 Jahre nach Aufgabe des rechtsrheinischen Germaniens wieder zurück. Schneisen mit einer Länge von 177 Kilometern sichern das Aufmarschgebiet der Invasionsarmee.

Das Imperium etabliert die Odenwald-, die Neckar- und die Alblinie. Damit schlägt Rom zwei Fliegen mit einer Klappe: Man verkürzt dadurch die Route zwischen Rhein und Donau erheblich und gewinnt die fruchtbaren Landstriche im Umfeld der Flüsse hinzu. Um die obergermanische Provinz (*Germania superior*) weiter zu konsolidieren, richtet man die dortigen provisorischen Lager um das Jahr 90 n. Chr. auf Dauer ein und befestigt sie stärker.

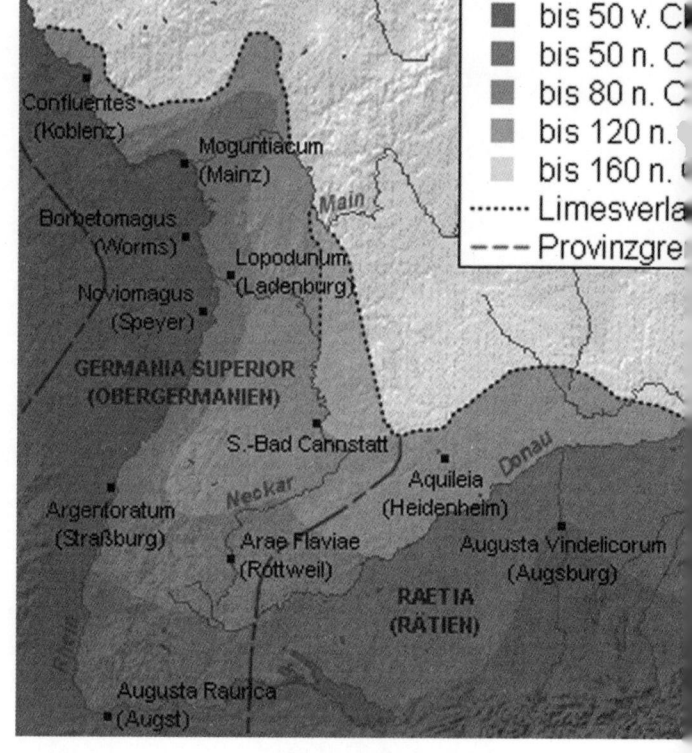

Die Expansion Roms in Südwestdeutschland.

Ein Spiegelbild zum Vergleich: der Limes an der Ostgrenze

Oft versteht man die eigenen Besonderheiten besser, wenn man sich ansieht, wie Vergleichbares anderswo gelöst worden ist. Wie gehen die Römer also bei der Etablierung des Limes im Osten vor? Dort können sie keinen durchgehenden Grenzwall errichten. Das liegt an den ausgedehnten Wüstensteppen, den ständig wechselnden Gebietsgewinnen und Rückzugsgefechten des Imperiums gegen die Perser. Trotzdem gelingt es den Römern, ihre Vormachtstellung im Nahen Osten für die nächsten 700 Jahre zu behaupten.

In der römischen Republik vor Augustus gibt es keine feste Ostgrenze. Das Imperium überlässt die Verteidigung der Randgebiete den Klientelreichen, die

40

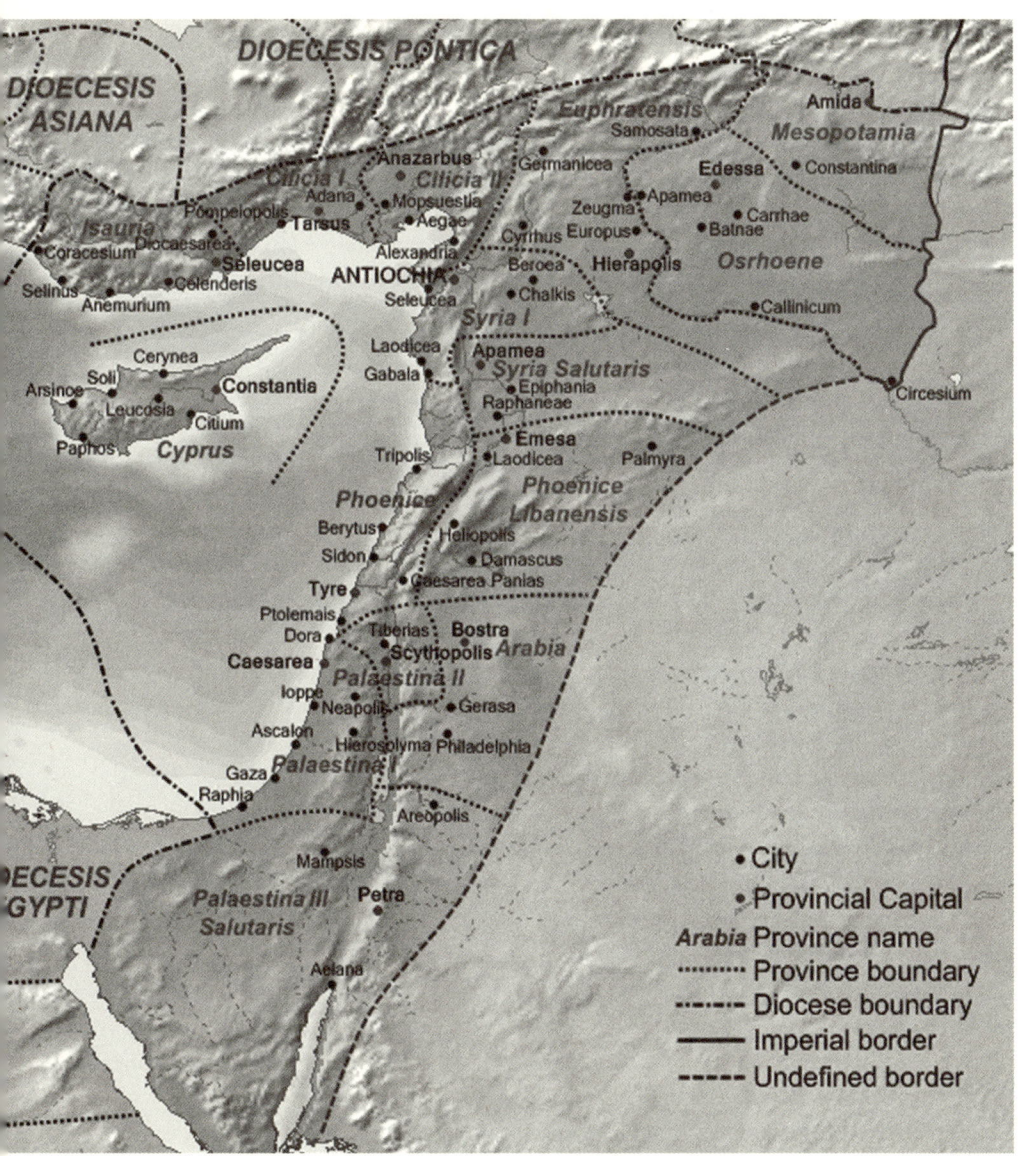

Die römischen Provinzen im Orient.

mit ihm verbündet sind. Diese bilden einen Puffer zwischen ihm und den Persern. Wie später in Germanien begnügt sich Rom mit einer indirekten Herrschaft. Gegen Ende der Republik geht man dann zur direkten Herrschaft über. Rom erschließt die Provinz *Syria* durch ein über 1 000 Kilometer langes Straßensystem und sichert es durch Wachturm- und Kastellketten. Anders als in Germanien finden die Römer dort befestigte Städte vor, die als Garnisonsstandort und Handelsplatz dienen. Der Verlauf und die einzelnen Schutzbauten des orientalischen Limes sind bis heute nicht genau bekannt.

Non plus ultra – größer geht's nichts

Herakles (Herkules) bringt der Überlieferung nach die Inschrift *non plus ultra* (so die lateinische Übersetzung, zu Deutsch: »nicht mehr weiter«) an den Säulen des Herakles (zwei Felsenbergen an der Straße von Gibraltar) an, um das Ende der Welt am Ausgang des Mittelmeeres zu markieren. Zwar ist den Römern beim Tode Trajans (117 n. Chr.) bewusst, dass hinter ihren Grenzen noch mehr Welt liegt, aber größer wird die Ausdehnung des Imperiums nicht mehr. Es ist auch groß genug: Rom herrscht von Britannien bis an den Persischen Golf.

Trajans Nachfolger Hadrian (117–138 n. Chr.) erkennt, dass sich ein Reich dieser Größe nur noch unzureichend kontrollieren lässt. Hadrian tut das, was ein Unternehmer mit unprofitablen Geschäftszweigen macht: Er stößt sie ab. Er gibt einige Provinzen wieder auf, die Trajan erobert hat. Roms Feldzüge bringen wohl nicht mehr genügend Profit ein, der den enormen Aufwand rechtfertigen würde. Die ertragreichen und am besten entwickelten Regionen der bekannten Welt sind fest in römischer Hand. Wer braucht Germanien, Caledonien (Schottland) oder die Steppen des Ostens? Sie sind nur dünn besiedelt, ohne nennenswerte Infrastruktur und wirtschaftlich weitgehend uninteressant.

Aufgrund dieser Gegebenheiten ist Hadrian in erster Linie darum bemüht, das bestehende Reich zu bewahren, statt seinen Einfluss noch auf weitere unterentwickelte und unprofitable Barbarenländer zu erweitern. Er stellt die Eroberungskriege also ein. Die Legionen graben sich hinter den Grenzen ein, die teilweise wieder zurückverlegt werden. Rom stützt sich auf Provinzen wie die Nordafrikas: Die fruchtbaren Hochebenen und Wüstenrandzonen mit ihren riesigen Latifundien (Großgrundbesitz mit mehr als 500 Hektar Land) stellen eine der wichtigsten Kornkammern des Imperiums dar.

Eine stabile Grenze spart Soldaten

Hadrian folgt auch der Grundidee, dass feste und gut sichtbare Grenzanlagen letztendlich Soldaten einsparen. In Nordafrika belegen Münz- und Keramikfunde, dass in hadrianischer Zeit dort ein Wall- und Grabensystem errichtet wurde. Das *fossatum Africae* (afrikanischer Graben) ist eine lineare Verteidigungsstruktur von rund 750 Kilometern. Es ist anzunehmen, dass das *fossatum* in der Konstruktion viele Ähnlichkeiten mit dem Hadrianswall in Britannien aufweist.

Das fossatum Africae, *122 n. Chr., im heutigen Algerien und Tunesien.*

Bis zu diesem Zeitpunkt war der Limes eine weitgehend offene Postenkette. Hadrian wandelt diese nun in ein geschlossenes System um – eine wahrlich einschneidende Umstrukturierung. Man mag ihre Bedeutung sogar mit dem Wechsel von Bürger- zu Berufsarmee vergleichen. Hinter Hadrians Maßnahmen steht der Plan, die römische Welt weitgehend gegen die nichtrömische abzuschotten.

Per ea tempora et alias frequenter in plurimis locis, in quibus barbari non fluminibus sed limitibus dividuntur, stipitibus magnis in modum muralis saepis funditus iactis atque conexis barbaros separavit.

(In dieser Zeit und auch später wurden an vielen Orten, an denen die Barbaren nicht durch Flüsse, sondern durch Schneisen abgeteilt wurden, jetzt mit großen Pfählen, die in der Art einer Mauer tief gegründet und verbunden waren, die Barbaren abgesondert.)
(*Historia Augusta, De vita Hadriani*, XII 6 – »Kaisergeschichte« – um 300 n. Chr., Urheberschaft ungeklärt)

»Hier beginnt Rom«

Dank dieses geschlossenen Grenzsystems ist jetzt jedem »Ausländer« klar, wo er das Reich betritt. Tag und Nacht stehen am Limes Soldaten. Sie sind zwar nicht in der Lage, ein angreifendes Heer aufzuhalten, aber für marodierende Räuberbanden (*latrunculi*) reicht es allemal. Als Hadrian 138 n. Chr. stirbt, hinterlässt er ein gut organisiertes Grenzschutzsystem: ein vorzüglich ausgebautes Netz aus Kastellen, Wallanlagen und Straßen. Darum sieht man in Rom später Hadrians Regierungsepoche als goldenes Zeitalter für das Reich an. Der Kaiser leistet viel für das Zusammenwachsen und den Fortbestand des Imperiums.

Mit Hadrians Vorgaben gelingt es den Römern, in den rund 50 Jahren nach seinem Tod das System des Limes noch einmal großzügig auszubauen, fast das gesamte Militär in den Grenzregionen zu stationieren und damit die Randzonen zu befrieden sowie wirtschaftlich zu erschließen. Diese positiven Entwicklungen gehen zum Teil auch auf die Neuorganisation des Limes zurück.

Eine Pandemie, ein Domino-Effekt und eine Invasion

Mark Aurel (161–180 n. Chr.) gilt ähnlich dem jungen Friedrich II. von Preußen als Philosoph auf dem Thron. Allerdings ist fast seine ganze Regierung darauf ausgerichtet, Invasoren an den Grenzen abzuwehren oder zu vertreiben, den Limes zu stabilisieren und nebenbei die Antonische Pest zu bekämpfen, eine Pandemie aus dem Orient, die das ganze Reich befällt. Eins kommt zum anderen: Die Markomannen und Quaden, zwei germanische Stämme, fallen massiv ins Imperium ein.

Ein Dominoeffekt bringt es in Gefahr: Auf römischer Seite von Donau und Rhein siedeln vorwiegend germanische Vasallenstämme. Von Norden her walzen Völker des »freien Germaniens« heran und streben nach Süden. Vor sich her treiben sie schwächere germanische Stämme, die nun in die Regionen der Vasallen eindringen. Bald stehen die bedrängten Germanen an Roms Pforte, dem Limes und bitten um Aufnahme ins Reich. Mark Aurel hält sie erst einmal hin. Ganze Völkerscharen einzulassen, ist ein unberechenbares Risiko.

Die vertriebenen Germanen haben nun die voranstürmenden Stämme im Rücken, vor sich das Imperium und den Limes. Sie entscheiden sich für ein Vorrücken in Richtung Limes. Das gewaltsame Überschreiten desselben ist ein erster Vorgeschmack auf die großen Völker-

Eine Büste Hadrians, heute im Archäologischen National-museum, Athen.

45

wanderungen. Der römische Kaiser zieht nun seinerseits mit den Legionen über den Limes, erleidet aber hinter der Donau eine große Niederlage. Nun ist der Weg frei für die Markomannen und ihre Verbündeten. Sie strömen ungehindert über die Grenze und dringen bis Norditalien vor. Feindliche Krieger auf der Apennin-Halbinsel! Genau wie beim *Furor Teutonicus* der Kimbern und Teutonen vor rund 300 Jahren. Exakt das wollte Hadrian vermeiden.

Es brennt überall im Reich

Andere Stämme fallen in den Balkan ein, zerstören und plündern viele Kastelle am Donaulimes und reiben zahlreiche der Besatzungen auf, die schon durch die Antonische Pest geschwächt sind. Die Caledonier brennen in der Provinz Britannia die Grenzschutzanlagen am Hadrianswall nieder; ein Aufstand bricht in Ägypten aus und Wüstennomaden fallen in die Provinzen Nordafrikas ein.

172 n. Chr. kommt dann die Wende: Mark Aurel verfolgt mit seinem Militär in den Gebieten der Barbaren eine rücksichtslose Strategie der verbrannten Erde und des Terrors. Die feindlichen Stämme bitten nun um Frieden. Allerdings besteht seit dem Überrennen des Limes eine neue Lage – das Konzept der Abschottung ist überholt. Die Völker im Norden und Osten erstarken schnell wieder. Die alte Trennung von Imperium und Barbaren funktioniert nicht mehr in der neuen Situation, die für das Römische Reich so gefährlich ist.

Mark Aurel geht einen Weg der Grenzbefriedung, den die *Historia Augusta* (*Vita Marci Antonini Philosophi* 21, 7) so beschreibt: *emit et Germanorum auxilia contra Germanos* (Er erkaufte sich auch die Hilfe von Germanen gegen Germanen). So gelingt es dem Kaiser, wieder Ruhe an den Grenzen zu schaffen: Die Kasse des Imperiums ist zwar leer, aber Mark Aurel teil den Germanen Siedlungsland im Grenzgebiet zu. Sie erhalten den Status halbfreier Bauern (*coloni*) und müssen im Krieg als Soldaten dienen. Kleinere Stämme lässt der Kaiser in verödeten Gebieten Norditaliens ansiedeln, weil sie besser zu kontrollieren sind. Die germanischen Siedler erweisen sich bald als ausgezeichnete Verteidiger der römischen Grenzen.

Ruhe vor dem Sturm am Limes

Für diese Kriege hat man stellvertretend den Namen eines germanischen Stammes gewählt und sie »Markomannenkriege« genannt. Ein weiterer solcher Markomannenkrieg wird noch folgen. Jetzt aber herrscht erst einmal die Ruhe vor dem Sturm. Mark Aurel verscheidet angeblich selbst an der Antonischen Pest. Sein Nachfolger ist Commodus (180–192 n. Chr.). Er lässt weitere Kastelle und Wachtürme an der unteren Donau bauen und nennt die Barbaren *clandestini latrunculi* (heimliche Räuberchen). Es wird sich bald zeigen, dass diese Bezeichnung stark untertrieben ist. Die Bedrohung jenseits der Grenze baut sich langsam, aber stetig wieder auf.

Mark Aurel begnadigt Häuptlinge der Markomannen.

Doch vorerst folgt eine Friedensperiode. Die severische Dynastie, die in der Zeit von 193 bis 235 n. Chr. fünf Kaiser stellt, erhöht stetig den Sold der Armeen und beschert den Grenzprovinzen damit enormen wirtschaftlichen Aufschwung. Der Nachteil ist, dass die Gebiete hinter den Grenzen nun wesentlich ärmer sind als die Grenzregionen im Reich. Das weckt Neid und Begierde. Dieser Kontrast zwischen Arm und Reich offenbart, dass der Limes mittlerweile eine existenzbedrohende Entwicklung verbirgt, die immer weiter fortschreitet: Die befestigte Grenze verstellt Rom den Blick dafür, was jenseits von Rhein und Donau vorgeht.

Im Sinne Hadrians ist man der Auffassung, dass es dort kaum etwas zu holen gibt. Darum interessiert sich Rom nicht länger für *Germania magna*. Am Tiber ist man froh, sich mit den unkultivierten Wilden nicht mehr befassen zu müssen als nötig. Als die Goten am Limes auftauchen, halten die Römer sie zu Beginn noch für Skythen, ein eurasisches Volk von Reiternomaden. Die sonst so gute Informationspolitik des Reiches versagt nunmehr.

Von Rom lernen heißt siegen lernen

Dass das »freie Germanien« gegenüber Rom rückständig ist, steht außer Frage. Die Barbaren sind aber imstande zu lernen, und sie machen große Fortschritte, auch mithilfe des Imperiums: Die römischen Armeen rekrutieren schon lange Germanen, aber ab dem 3. Jahrhundert n. Chr. forciert Rom die Bemühungen noch. Etliche der freien Germanen dienen in den römischen Armeen. Dabei lernen sie auch römische Waffen und römische Militärstrategie kennen. Wenn sie in ihre Heimat zurückkehren, geben sie ihr Wissen in ihrem Stamm weiter. Das führt dazu, dass sich die Stämme in *Germania magna* ab 200 n. Chr. zunehmend besser bewaffnen und militärisch organisieren, nach römischem Vorbild.

Mit dem Sold der ehemaligen Soldaten Roms strömt auch ein Reichtum in die Stammesregionen, der vorher unbekannt war. Raubgut und Geschenke von der römischen Seite des Limes lassen die Germanen über den Luxus im Imperium staunen. Diese Verwunderung entfacht das Verlangen nach immer neuen römischen Gütern. Dies fällt zeitlich zusammen mit einer anderen Entwicklung, die Rom verschläft: Stämme in *Germania magna* haben sich zusammengeschlossen und dadurch vergrößert. Ihnen stehen oft gerade die Anführer vor, die Rom ausgewählt und gefördert hatte, um durch sie das Vorland des Limes zu kontrollieren.

Zusätzliche Unruhe entsteht durch die Zuwanderung neuer Stämme, die kaum romanisiert sind. Sie kommen von Elbe und Weichsel. Jetzt wird Rom das zweite Element seiner »Zuckerbrot-und-Peitsche«-Grenzpolitik zum Verhängnis. Zur Peitsche zählen andauernde Strafexpeditionen gegen widerspenstige Stämme. Die römische Diplomatie ist darauf ausgerichtet, Zwietracht unter den germanischen Stämmen zu schüren. Das nötigt die germanischen Anführer bei-

Holzwachturm am Rätischen Limes.

*Wachturm der Chinesischen
Mauer bei Simatai.*

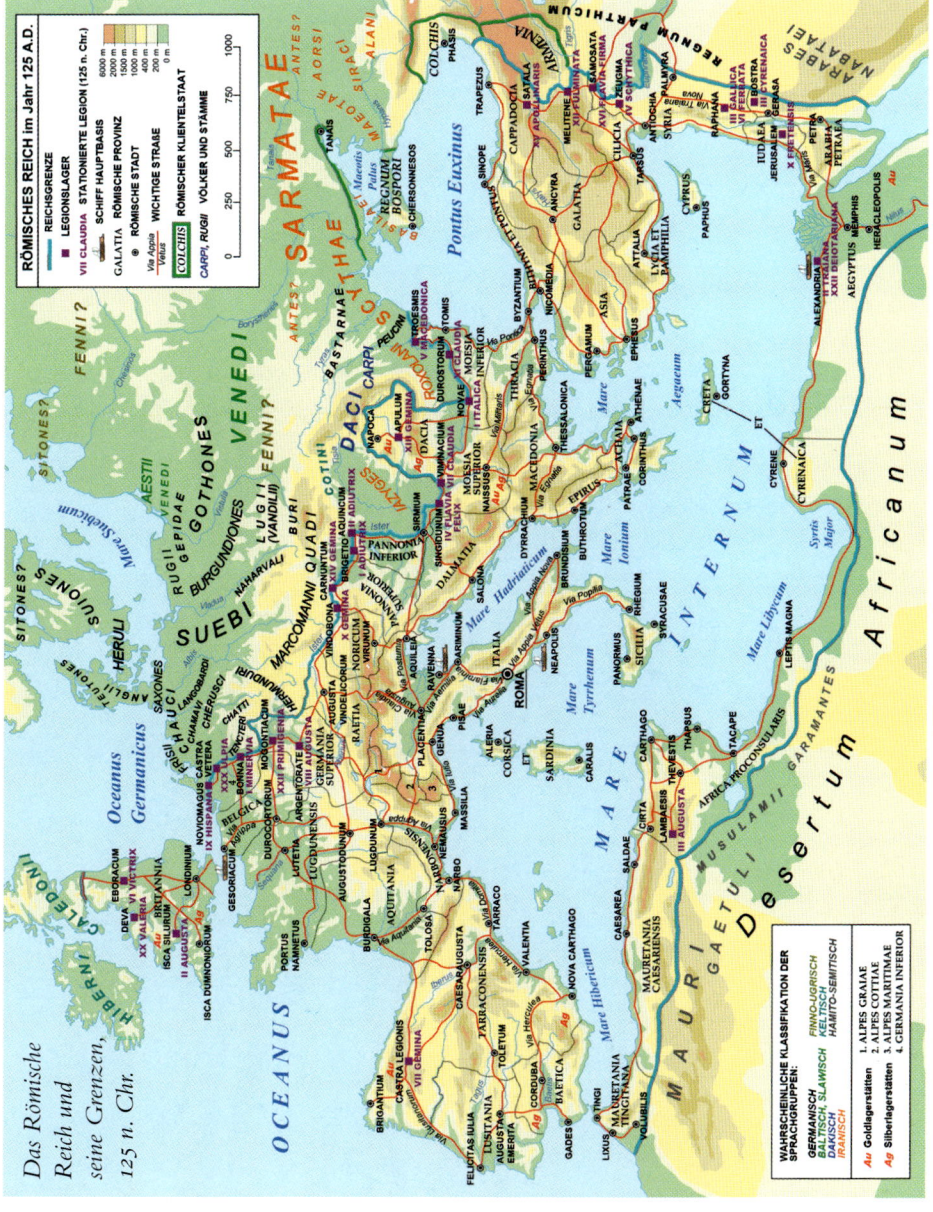

Das Römische
Reich und
seine Grenzen,
125 n. Chr.

RÖMISCHES REICH im Jahr 125 A.D.

Die Grundmauern des Stabsgebäudes im Limesmuseum Aalen.

Rekonstruktionsversuch des Nordtores von Kastell Favianis am Norischen Limes.

Rekonstruierte Limespalisade am Kastell Marköbel.

Reenactment: Nachstellung eines Trainings römischer Reiterei beim Kampf gegen andere Reiter.

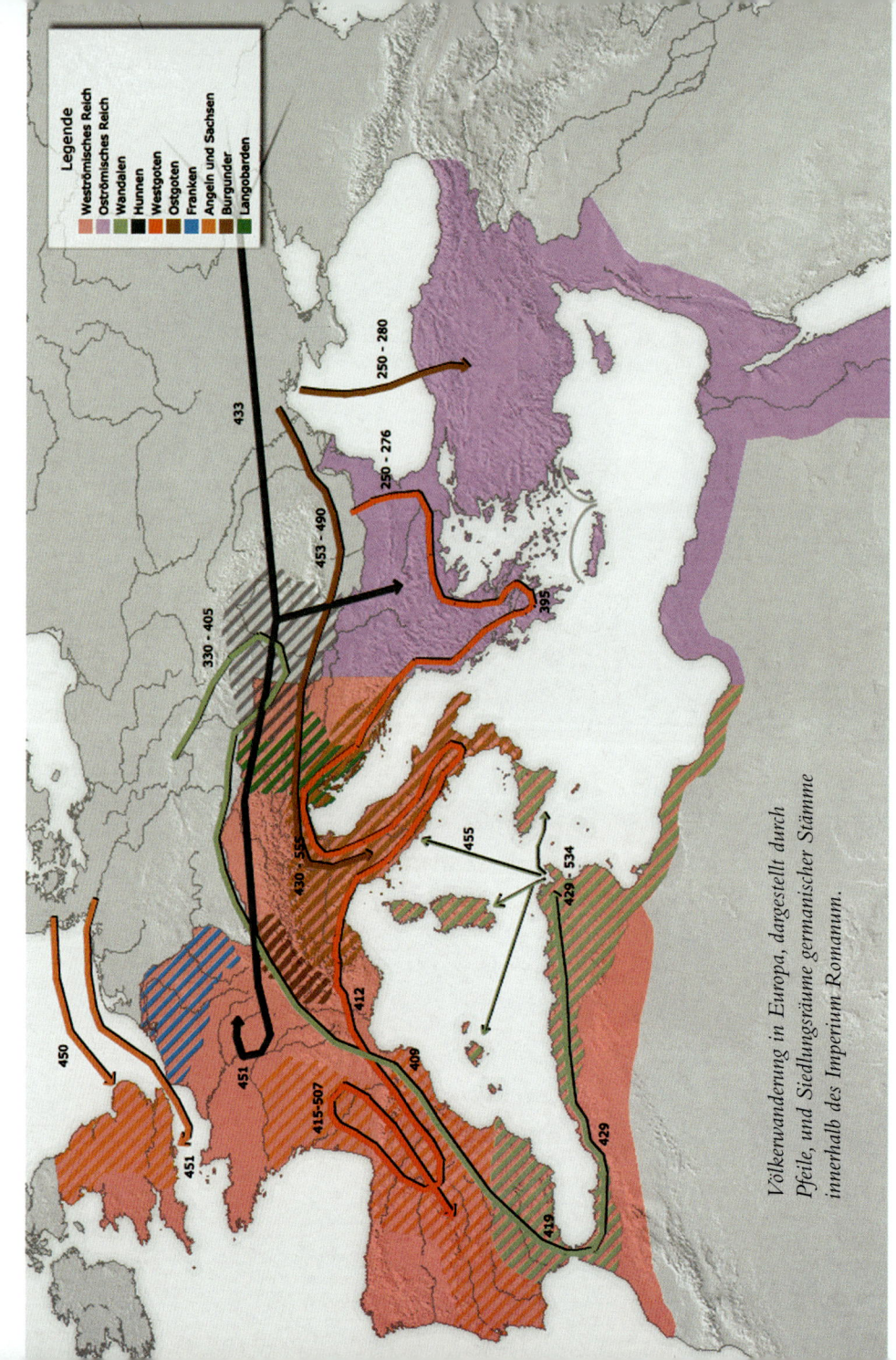

250 - 280

250 - 276

433

453 - 490

330 - 405

395

430 - 565

455

429 - 534

412

409

455

450

451

451

415-507

419

429

*Völkerwanderung in Europa, dargestellt durch
Pfeile, und Siedlungsräume germanischer Stämme
innerhalb des Imperium Romanum.*

nahe schon dazu, sich gegen die römische Übermacht zusammenzuschließen. Jetzt verschmelzen Stämme, die sich zuvor gegen Außenstehende abgeschottet hatten, und gründen neue Völker.

Die germanischen Heere sind inzwischen gut gedrillt und ausgerüstet. Rund die Hälfte der Krieger besitzt Lanzen und Schwerter aus römischer Produktion. Das Ziel der Heerführer und ihrer Gefolgschaften ist, am Reichtum des Imperiums Anteil zu haben, entweder als bezahlte Verbündete des Kaisers oder notfalls als Plünderer. Auf diese Weise und mit dieser Intention entstehen bis etwa 220 n. Chr. drei neue Völkerverbände nördlich der Reichsgrenze.

Die Goten sind eins der Völker an Roms Nordgrenze.

»The empire strikes back«

Diese drei Völkerverbände sind die Goten, die Alamannen und die Franken. Erstere erscheinen hinter der Donau, zwischen Karpaten, Schwarzem Meer und Don. Die Alamannen sind ein Zusammenschluss aus Semnonen, Sueben und Chatten zwischen Main und Oberrhein, die Franken ein Stammesverbund an Mittel- und Niederrhein. Diese drei Volksverbände greifen immer bedrohlicher auf das Territorium Roms über und dies führt zu scharfen Gegenmaßnahmen des Imperiums:

Am 3. Tag vor den Iden des August [11. August] kam die Bruderschaft der Arvalen vor dem Tempel der Iuno Regina zusammen, weil unser Herr, der heiligste, fromme Kaiser Marcus Aurelius Antoninus Augustus, Pontifex Maximus, im Begriff ist, über den Limes Raetiens (*per limitem Raetia*) in das Land der Barbaren einzudringen, um die Feinde zu entwurzeln (*ad hostes extirpandos barbarorum terram introiturus est*) [...].

Das Zitat stammt aus Akten der *fratres arvales* (Bruderschaft des Ackers), die eine große Strafexpedition Kaiser Caracallas (211–217 n. Chr.) im Jahr 213 n. Chr. in Rätien rühmen. Die Passage dokumentiert einzigartig den Begriff »Limes« und das Überschreiten der Reichsgrenze. Caracalla lässt anlässlich dieses Feldzugs ein Triumphalmonument errichten, das heute am Obergermanisch-Rätischen Limes beispiellos ist und zu dessen eindrucksvollsten Ruinen zählt: das Limestor

Das Limestor Dalkingen mit seinem Schutzbau.

Dalkingen mit Prachtfassade und Bronzestandbild. Es steht im Ostalbkreis im heutigen Baden-Württemberg und soll den Feldzug feiern.

Das Limestor Dalkingen – Triumph für etwas ehedem Normales

Nach der bisherigen Lektüre mag man sich fragen, was denn so Besonderes am Überschreiten des Limes durch die Römer ist, das bis zu diesem Zeitpunkt doch immer üblich gewesen war. Wozu nun die Verherrlichung mittels eines Triumphbogens? Wenn der Übertritt der Reichsgrenze auf einmal als außerordentliche Tapferkeit gilt, dann muss sich die Bedeutung des Limes verändert haben: Dieser ist inzwischen das Symbol einer festen Grenze mit immenser Bedeutung für das Selbstverständnis des Imperiums geworden. Das Errichten eines Triumphtors zur Glorifizierung einer »schnöden« Strafexpedition zeigt, wie fremd und unheimlich das Barbaricum hinter dem Limes den Römern mittlerweile geworden ist.

Ein Jahr zuvor, also 212 n. Chr., hatte Caracalla bereits allen freien Einwohnern des Imperium Romanum das Bürgerrecht verliehen (*Constitutio Antoniniana*). Damit steht fest: Der Limes ist eine Scheide, die das Imperium nach außen abgrenzt und festlegt, wer wohin gehört. Die *Constitutio Antoniniana* lässt für Nichtrömer einen wichtigen Grund entfallen, sich in den römischen Armeen (in den Auxiliartruppen) zu verpflichten: die Aussicht auf das Bürgerrecht. Das Imperium kann daraufhin bald nicht mehr genügend Legionäre rekrutieren. Folglich muss es mehr und mehr barbarische Söldner anheuern, denen oft die Loyalität zum Römischen Reich fehlt. Dadurch nehmen die Übergriffe germanischer Stämme zu. Schon wenige Jahre nach dem Bau des Limestors Dalkingen zerstören Germanen wieder einige Kastelle am Rätischen Limes.

Der Krieg mit den Persern schwächt die Nordgrenzen

Schon in den Markomannenkriegen hat sich der Limes an mittlerer und unterer Donau als besonders gefährdet erwiesen. Nun stehen hier die Goten quasi Gewehr (oder vielmehr Lanze) bei Fuß. Jetzt wird die Nordgrenze des Imperiums noch mehr geschwächt: Rom muss Truppen aus dem Norden abziehen, um gegen die Perser (die Sassaniden) im Osten zu kämpfen. Das Gros der Grenzsoldaten, die vorher an Rhein und Donau stationiert waren, steht nun im Vorderen Orient. Die Grenzen im Norden des Imperiums sind nahezu schutzlos, selbstverständlich sehr zur Freude der Barbaren.

233 n. Chr. überschreiten die Alamannen den Limes an Oberrhein und Donau. Zu ihrer Verwunderung finden sie nur schwach besetzte oder leere Kastelle vor. Nun steht ihnen das ganze obergermanische und rätische Hinterland offen. Sie können ungehindert plündern. Das gleiche Bild bietet sich an anderen Limesabschnitten. An den unteren Donauprovinzen bedrohen Sarmaten, Goten, Carpen und Gepiden die Grenzregionen.

Diese Krisenherde zusammen überfordern die militärischen Möglichkeiten des Imperiums. Rom brauchte jetzt eigentlich einen starken Kaiser, der das Ruder noch einmal herumrisse oder wenigstens den Schaden begrenzte. Stattdessen regiert am Tiber ein junger, entscheidungsschwacher Mann, der von seiner Mutter dominiert wird: Severus Alexander (222–235 n. Chr.).

Der römische Kaiser ist überfordert

Severus Alexander ist 233 n. Chr. 25 Jahre alt. In diesem Alter stürmt Alexander der Große zwar ungehemmt voran und unterwirft fast nebenbei Ägypten, dieser römische Kaiser ist mit der Situation jedoch überfordert. Die Bevölkerung der Nordprovinzen trifft der Einfall der Alamannen völlig unvorbereitet. Angesichts der katastrophalen Lage an Rhein und Donau bricht Severus Alexander den Perserkrieg unter äußerst ungünstigen Bedingungen ab und marschiert mit den nun frei gewordenen Armeen an die Nordgrenze.

Im Winter 234/235 n. Chr. sammelt der Kaiser die Truppen bei *Mogontiacum*, dem heutigen Mainz. Er greift die Alamannen aber nicht an, sondern setzt auf Verhandlungen. Severus Alexander erscheint es billiger, die Ordnung mit Zahlungen an die verbündeten Fürsten wiederherzustellen, als einen kostspieligen Krieg zu führen. Die Truppen sind darüber empört. Viele römische Soldaten, die jetzt aus dem Orient kommen, waren vorher in den Kastellen an Rhein und Donau stationiert und dürsten nach Rache.

Zeittafel 3. Jahrhundert n. Chr. und Limesfall

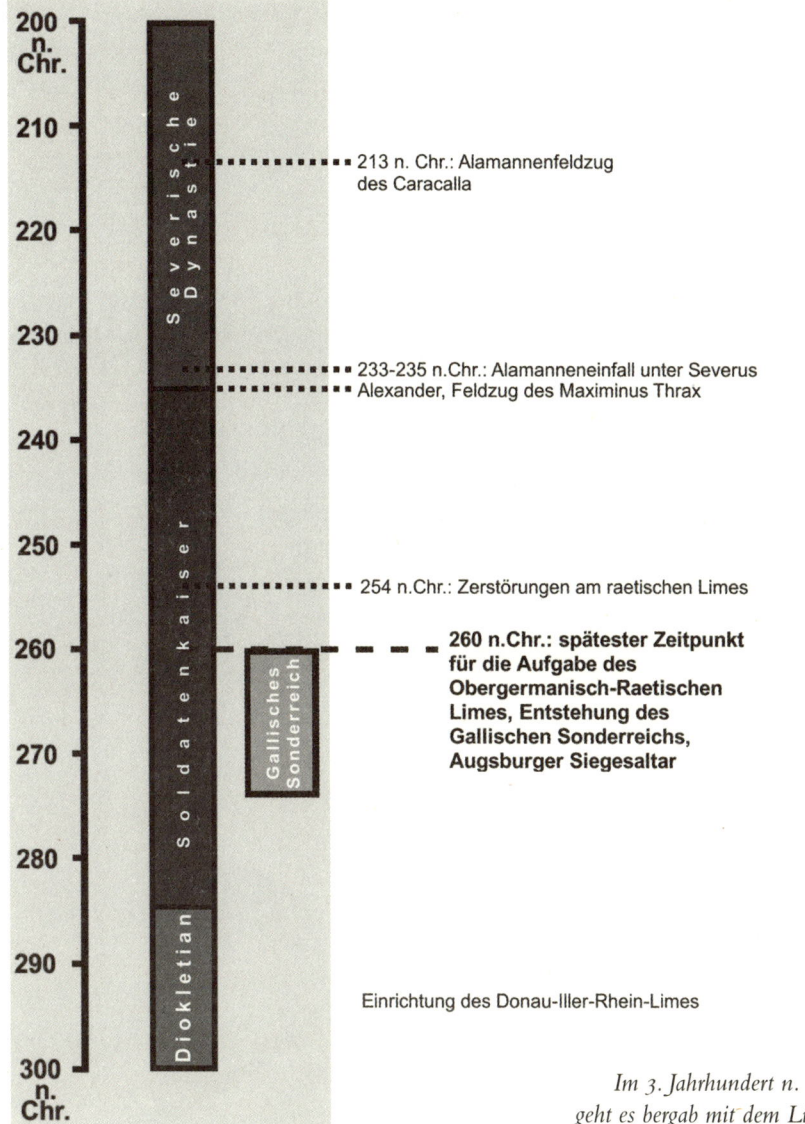

200 n. Chr.

210

Severische Dynastie

213 n. Chr.: Alamannenfeldzug
des Caracalla

220

230

233-235 n.Chr.: Alamanneneinfall unter Severus
Alexander, Feldzug des Maximinus Thrax

240

Soldatenkaiser

250

254 n.Chr.: Zerstörungen am raetischen Limes

260

**260 n.Chr.: spätester Zeitpunkt
für die Aufgabe des
Obergermanisch-Raetischen
Limes, Entstehung des
Gallischen Sonderreichs,
Augsburger Siegesaltar**

Gallisches Sonderreich

270

280

Diokletian

290

Einrichtung des Donau-Iller-Rhein-Limes

300 n. Chr.

*Im 3. Jahrhundert n. Chr.
geht es bergab mit dem Limes.*

Das Ende des jungen Kaisers ist kurz und tragisch. Die Legionäre erschlagen ihn und seine dominante Mutter 235 n. Chr. Dann proklamieren sie einen der ihren zum neuen Imperator: Gaius Iulius Verus Maximinus (Maximinus Thrax), einen hohen Offizier aus dem Ritterstand, genannt »der Thraker«. Er ist der erste Soldatenkaiser und bleibt es nur drei Jahre lang. Die Ära der Soldatenkaiser dauert beinahe 50 Jahre und stürzt das Reich in Chaos und Anarchie.

Weit, weit hinter den Limes – die »Schlacht im Sumpf«

Erst einmal aber gelingt es Maximinus Thrax, den Limes wieder zu stabilisieren. Er errichtet eine neue Brücke über den Rhein, lässt Straßen anlegen und die niedergebrannten Limeskastelle wieder aufbauen. Dann attackiert er die Germanen auf ihrem eigenen Gebiet und besiegt sie. Die römischen Truppen dringen dabei offenbar bis weit hinter den Limes vor.

2008 entdeckt man die Überreste eines Schlachtfeldes am Harzhorn, bereits nördlich von Göttingen. Nach aktuellem Stand nimmt man an, dass die Schlacht in den Kontext der Germanenkriege des Maximinus Thrax 235/236 n. Chr. einzuordnen ist. Wahrscheinlich meint der Soldatenkaiser das Harzhorn, wenn er in einem Brief an den römischen Senat 236 n. Chr. von einer »Schlacht im Sumpf« schreibt.

Im Winter 236/237 n. Chr. reorganisiert Maximinus Thrax die Armeen für einen abschließenden Feldzug. Er möchte das Germanenproblem für immer aus der Welt schaffen und Germanien zur römischen Provinz machen. Bevor er aber losschlagen kann, greifen

Maximinus Thrax, der erste Soldatenkaiser.

Plakat zur Niedersächsischen Landesausstellung 2013 im Braunschweigischen Landesmuseum.

die Goten das Imperium 237 n. Chr. an der unteren Donau an. Der erste Soldatenkaiser stirbt ein Jahr später durch die Schwerter seiner germanischen Leibwache. Die grundsätzliche »Germanengefahr« für das Reich hat Maximinus Thrax mit seinen Feldzügen aber erst einmal gebannt.

Aufruhr im Imperium

Dafür herrscht jetzt Aufruhr im Innern des Imperiums. Wie die Fliegen fallen/gehen und kommen Kaiser und Gegenkaiser der Armeen an den Grenzen und in Rom. Meuterei wird unter den Soldaten geradezu üblich, immer neue Herrscher werden auf den Schild gehoben. Die Legionäre fürchten um ihren Sold und darum, im Stich gelassen zu werden. Darum verlangen sie nach der Nähe des Kaisers. Für die Grenzen des Reiches ist es fatal, dass die Soldaten oft gerade dort meutern, wo die Kriegsgefahr am größten ist. Das gilt besonders für Rhein, Donau und die Ostgrenze. Von 235 bis 254 n. Chr. zählt man 19 Soldatenkaiser, Gegenkaiser und Usurpatoren.

All diese Thronkandidaten werden von ihren eigenen Soldaten bedroht. Die Legionäre setzen sie schon bei der kleinsten Unzufriedenheit wieder ab – meist durch Mord. Die Soldatenkaiser, Gegenkaiser und Usurpatoren bekämpfen sich zudem gegenseitig. Das kommt den Barbaren jenseits des Limes, die ständig ins Imperium einfallen, sehr gelegen. Sie zerstören großflächig die Infrastruktur der nördlichen Limesgebiete. Rom ist nicht mehr in der Lage, die Grenzregionen so aufzubauen, wie sie waren. Der Lebensstandard dort sinkt daher immer weiter ab.

Der Limes löst sich langsam auf

Im Jahr der Ermordung des Maximinus Thrax sterben bereits u. a. Gordianus I. und II. Gordianus III. hält sich beachtlich lange für einen Soldatenkaiser, nämlich sechs Jahre: von 238 bis 244 n. Chr. Er führt 243 n. Chr. einen großen Feldzug gegen die Perser. Dazu zieht er wieder Militär vom nördlichen Limes ab. Eine wirksame Verteidigung an Donau und Rhein ist dadurch unmöglich geworden. Der Krieg gegen die Perser endet für Rom in einem Desaster. Folglich kehren auch nicht genügend Legionäre an die Nordgrenze zurück, und Rom kann das nicht durch ausreichend neu rekrutierte Soldaten ausgleichen. Dadurch beginnt sich die bisherige Struktur des Limes langsam aufzulösen.

Es steht zu vermuten, dass die römische Militärführung die Dezimierung der Truppen durch Baumaßnahmen kompensieren will. Mit den Soldaten verschwindet aber auch ihr Sold. Dadurch fehlen den Grenzregionen Geld und Kaufkraft. Beides waren bisher verlässliche Garanten für das Funktionieren der Wirtschaft der Provinzen. Nun aber kommt den Handwerkern, Händlern und Dienstleistern in den Lagerdörfern (*vici*) die zahlende Kundschaft abhanden. Schon ab 233 n. Chr. schwindet darum die Bevölkerung der *vici* und wird durch Tötung oder Verschleppung durch germanische Plünderer noch weiter dezimiert. Rom versucht offenbar, zum Ausgleich für den Verlust verbündete Germanen dort anzusiedeln.

253 n. Chr. heißt der Kaiser Trebonianus Gallus. Er beauftragt Valerian, den Statthalter Rätiens, eine Rebellion niederzuschlagen. Prompt rufen die Truppen Valerian zum Gegenkaiser aus. Dieser unternimmt im Folgejahr wieder einen Feldzug gegen die Perser. In seinem Heer marschiert erneut der Großteil der Limestruppen. Der Perserkrieg endet ein weiteres Mal desaströs. Und wiederum freuen sich die germanischen Völker über die Abwesenheit der römischen Armeen und nutzen sie für ausgedehnte Plünderungen, besonders am Rätischen Limes.

Die gute alte Zeit – Hadrians Münzen garantieren noch eine prosperierende Wirtschaft am Limes.

Ein Felsenrelief im heutigen Iran, das den Triumph Schapurs I. über Valerian zeigt.

Tiefpunkt, Zusammenbruch – der Limesfall

Die Restbesatzungen am Limes im Norden und die dortige Provinzbevölkerung können sich nun nichts mehr vormachen: Die Lage ist dramatisch. 260 n. Chr. fällt der römische Kaiser in die Hände der Perser. Es ist unerheblich, wie er Kaiser geworden ist und auch, dass er nicht allein herrscht – seine Gefangennahme ist ein Schock für das Imperium und eine Schmach. Beim Feldzug war Valerian durch Verrat in die Gewalt der Sassaniden gelangt und mit ihm Zehntausende seiner Soldaten. Die meisten kehren nicht wieder in die Heimat zurück. Valerian selbst dient dem Perserkönig Schapur I. angeblich noch als Trittbrett zur Besteigung des Pferdes. Danach soll ihm die Haut abgezogen, diese mit Zinnober rot gefärbt als Warnung an Rom in einen Tempel gehängt worden sein. Der Limes ist damit auch im Osten nur noch Makulatur.

Es bleibt der Mitkaiser Gallienus (253–268 n. Chr.), Valerians Sohn. Ihm obliegt die Kontrolle der Grenzen an Rhein und Donau, und unter seiner Alleinherrschaft bricht die Grenzverteidigung in Rätien weitgehend zusammen. Die Alamannen zerstören *Augusta Vindelicorum* (Augsburg) sowie *Cambodunum* (Kempten) und dringen bis nach Mailand vor. Allerdings sind auch diese Einfälle noch Raubzüge, die besonders die Zivilbevölkerung in den Grenzprovinzen treffen. Jedenfalls ist das Land zwischen Oberem Rhein und Oberer Donau (Dekumatenland, *agri decumates*) nicht mehr zu halten. In der Folge räumen Armee und Verwaltung dieses Gebiet nach und nach. Spätestens ab 260 n. Chr. lässt sich nicht mehr von der Entwicklung des Limes sprechen, sondern von seinem Untergang – dem Limesfall.

Der Limesfall – wie geht der Limes unter?

Der Limes bricht natürlich nicht plötzlich zusammen wie eine gesprengte Mauer. »Limesfall« bedeutet einen Prozess, wie er sich schon zuvor dargestellt hat. Den Zenit des Limesfalls stellt die Reichskrise des 3. Jahrhunderts n. Chr. mit dem Niedergang des Grenzlandes dar. Im Zusammenhang mit dem Fall des Obergermanisch-Rätischen Limes ist noch auf Aspekte einzugehen, die bei diesem gerafften Überblick über die Geschichte des Limes nicht angesprochen werden können.

Der Limes fällt nicht allein militärisch

Ebenso wie die Theorien zur Funktion des Limes, so unterliegen auch die Ansichten über seinen Niedergang dem jeweiligen Zeitgeist. Das wird deutlich an der unter Historikern der vormaligen DDR üblichen Sichtweise, der Limesfall sei die schlagartige Überwindung der bereits geschwächten römischen Sklavenhalterordnung gewesen (Autorenkollektiv, *Die Germanen*, S. 15 u. 650 f.). Die Reichs-Limeskommission ihrerseits ist es gewohnt, in Zusammenhängen der Militärgeschichte zu denken. Dementsprechend äußert sich Theodor Mommsen zum Limesfall so: »Eine Reihe blühender römischer Städte wurde damals von den eindringenden Barbaren ödegelegt, und das rechte Rheinufer ging den Römern auf immer verloren« (Mommsen, S. 154). Georg Wolff urteilt 1916 für die Reichs-Limeskommission: »Ein Zurücknehmen in die zweite, rückwärtige Linie, freilich ein durch manche Durchbrüche erzwungenes, war das, was wir gewohnt sind, als Eroberung des Limes durch die Germanen zu bezeichnen« (Wolff, S. 40).

Kurz und bündig: Die damalige Forschung geht von einer rein militärischen Erstürmung des Limes aus. Schon damals ist dabei aber problematisch, dass etliche Münzfunde im Grenzgebiet Prägungen aus der Zeit nach 260 n. Chr. aufweisen. Unter Ernst Fabricius werden erste Zweifel an einem einzigen, dramatisch-kriegerischen Ereignis als Ursache eines Limesfalles deutlich. Gegen Ende der Reichs-Limeskommission setzt sich eine modifizierte Ansicht durch, die berücksichtigt, dass Teile des rechtsrheinischen Besitzes von den Römern auch nach dem Verlust des Limes noch länger festgehalten oder zeitweilig wieder besetzt worden sind, bis zur Mitte des 4. Jahrhunderts. In der alten Bundesrepublik knüpfen Archäologen an die Ergebnisse der späteren Reichs-Limeskommission an. Man entfernt sich zunehmend von der Annahme, 260 n. Chr. habe ein massiver Einschnitt stattgefunden.

Der Augsburger Siegesaltar verändert das Bild vom abrupten Limesfall

1992 wird in Augsburg bei Bauarbeiten ein Altar aus Jurakalkstein gefunden, der heute sogenannte Augsburger Siegesaltar. Dies ist ein römischer Weihealtar für die Siegesgöttin Victoria, der anlässlich des Sieges eines römischen Aufgebotes über den Stamm der Juthungen in der Nähe der rätischen Provinzhauptstadt *Augusta Vindelicorum* (Augsburg) aufgestellt wurde. Die Erwähnung des Gegenkaisers Postumus datiert die Aufstellung des Steines auf den 11. September 260. Er trägt die Inschrift:

Deae sanctae Victoriae / ob barbaros gentis Semnonum / sive Iouthungorum die· / VIII et VII Kal(endarum) Maiar(um) caesos / fugatosque a militibus prov(inciae) / Raetiae sed et Germanicianis / itemque popularibus excussis / multis milibus Italorum captivor(um) / compos votorum suorum / [[M(arcus) Simplicinius Genialis v(ir) p(erfectissimus) a(gens) v(ices) p(raesidis)]] / [[cum eodem exercitu]] / libens merito posuit / dedicata III Idus Septemb(res) Imp(eratore) d(omino) n(ostro) / [[Postumo Au]]g(usto) et [[Honoratiano co(n)s(ulibus)]].

(Der geheiligten Göttin Victoria, weil die Barbaren des Stammes der Semnonen oder Juthungen am 8. und 7. Tag vor den Kalenden des Mai niedergemacht und in die Flucht geschlagen wurden von den Soldaten der Provinz Rätien, aber auch von in Germanien stationierten [Soldaten] sowie Landsleuten, wobei ihnen viele Tausende gefangene Bewohner Italiens entrissen wurden, hat

Der Augsburger Siegesaltar.

– nach Erreichung seiner Wünsche – Marcus Simplicinius Genialis, Ritter, handelnd in Stellvertretung des Statthalters, mit demselben Heer freudig und nach Gebühr [diesen Altar] aufgestellt. Geweiht am 3. Tag vor den Iden des September, als der Kaiser, unser Herr Postumus Augustus, und Honoratianus Konsuln waren.)

Dieser Fund verändert das Bild vom Untergang des Limes nachhaltig. Vor dieser Entdeckung war es vollkommen unbekannt, dass sich die Provinz Rätien zur Zeit des Limesfalles dem Gallischen Sonderreich (*Imperium Galliarum*) unter Postumus angeschlossen hatte. (Marcus Cassianius Latinius Postumus [260–269] war Gegenkaiser zu Gallienus, dem Sohn des Valerian.) Der Inschrift des Siegesaltars ist außerdem zu entnehmen, dass die Juthungen von regulären römischen Truppen und einem Provinzaufgebot bezwungen wurden. Auch dieser Umstand war bis zur Auffindung des Altars nicht bekannt. Spätestens seit dem Fund des Augsburger Siegesaltars versteht man daher die Ereignisse um 260 n. Chr. nur noch als wichtige Etappe einer langjährigen Entwicklung.

»Rom verwandelt Provinzen in Wüste«

»‚Eine Provinz nach der anderen wurde von Rom in eine Wüste verwandelt‘, schrieb Simkhovitch. ‚Eine Provinz nach der anderen wurde von Rom erobert, um die Proletarier mit Getreide zu versorgen und die Reichen weiter zu bereichern. Die Kriegsverwüstungen taten ein Übriges. Die einzige Ausnahme zum Normalfall der Plünderung und Erschöpfung war Ägypten wegen der Nilüberschwemmung. Daher auch spielte Ägypten eine zentrale Rolle innerhalb des Reiches. Die Provinz befand sich im Privatbesitz der Kaiser, weder Senatoren noch römische Ritter durften sie ohne spezielle Erlaubnis betreten, denn, wie Tacitus schrieb, ›eine noch so geringe Anzahl könnte das reiche Kornland besetzen und Italien in die Unterwerfung zwingen‹.‘
Latium, Kampanien, Sardinien, Sizilien, Spanien und schließlich Nordafrika dienten als Kornkammern des Römischen Reiches und wurden bis zur Erschöpfung bewirtschaftet. Überanstrengtes Land in Latium und Kampanien wurde schließlich aufgegeben und wurde zu Sümpfen, in Nordafrika zu Wüsten, da dem Boden die festigenden Wurzeln genommen waren. ‚Der Niedergang des Römischen Reiches ist zugleich eine Geschichte der Bodenerschöpfung, der Entwaldung

und Erosion', schrieb G.V. Jacks in *The Rape of the Earth*. ,Von Spanien bis Palästina sind keine Waldgebiete an den Küsten des Mittelmeers übrig, die Region ist entschieden arid anstatt den milden Charakter humider Waldlandschaften aufzuweisen und der Großteil des einstmals ergiebigen Ackerbodens liegt nun am Grunde des Meeres.'«
(Wrench, *Reconstruction by Way of the Soil*, S. 33)

»Der Niedergang des Römischen Reiches ist zugleich eine Geschichte der Bodenerschöpfung, der Entwaldung und Erosion« – dieser Satz sei noch einmal wiederholt. Der Reichtum an natürlichen Ressourcen ist für das hungrige Rom ein wichtiges Kriterium zur Eingliederung einer Provinz. Marschierende römische Legionen entwalden jedoch oft ganze Gegenden, um Holz für den Lagerbau zu gewinnen oder Feinden die Möglichkeit von Hinterhalten zu nehmen.

Raubbau am Wald auch in den nördlichen Provinzen

Auch in der Gegend des Obergermanisch-Rätischen Limes betreiben die Römer Raubbau am Wald (Kuhnen, S. 37). Der Rohstoff Holz ist enorm wichtig, die Verwendung von Stein- und Holzkohle kaum bekannt. Darum sind die Kastelle, *vici* (Kastelldörfer) und Villen mit ihren Bädern, Küchen und Heizungen auf diesen Brennstoff angewiesen. Dasselbe gilt für die handwerkliche Produktion. Nun sollte man meinen: Wald gibt es in den germanischen Gebieten in Hülle und Fülle. Es zeigt sich aber seit dem 3. Jahrhundert n. Chr., dass die Römer es schaffen, auch hier im Norden das Holz knapp werden zu lassen. Indizien dafür sind Verkleinerungen von verschiedenen Kastellbädern, außerdem Inschriften von Holzfällerkommandos an vielen Kastellorten am Mainlimes. Wahrscheinlich werden sie wegbefohlen, um Holz aus den noch waldreichen Mittelgebirgen des Spessarts oder Odenwalds zu beschaffen. Außerdem belegen dendrochronologische Untersuchungen an Hölzern der Limespalisaden, dass diese im 3. Jahrhundert nicht mehr erneuert werden. Vermutlich ersetzt man sie aus Holzmangel in Obergermanien durch Erdwälle und Gräben bzw. in Rätien durch Mauern.

Die Umweltprobleme des 3. Jahrhunderts n. Chr. lassen sich heute mittels Archäobotanik, Dendrochronologie und Quartärgeologie erforschen. Archäobotanik ist eine Mischung aus Archäologie und Botanik. Sie rekonstruiert die Vegetations- und Agrargeschichte mithilfe von Funden pflanzlichen Ursprungs. Dabei untersucht sie Makroreste (Früchte, Samen und Holzreste) sowie Mikroreste (Pollen und Sporen). Dendrochronologie (die Lehre vom Baumalter) ist eine Datierungsmethode u. a. in der Archäologie. Dabei ordnet man die Jahresringe von Bäumen anhand ihrer unterschiedlichen Breite einer bestimmten, bekannten Wachstumszeit zu. Die Quartärgeologie erforscht den jüngsten Abschnitt der Erdgeschichte und mithilfe von Datierungsmethoden der Radiometrie und -karbonisierung sowie der Lumineszenzdatierung.

Neueste Forschungsergebnisse zur Verödung am Limes

Für die Limesforschung ergeben diese Methoden Folgendes: Pollendiagramme römerzeitlicher Sedimente belegen die zunehmende Rodung der Gebiete, da sich ein Rückgang der Menge an Baumpollen gegenüber der von Gräsern und Kräutern nachweisen lässt. Im 3. Jahrhundert n. Chr. setzen sich schnellwüchsige Weichholzarten gegen langsam wachsende Tannen und Eichen durch, was auf einen starken Holzeinschlag in Wäldern schließen lässt. Besonders Flusstäler werden in dieser Zeit wegen der günstigen Transportbedingungen bevorzugt gerodet. Flüsse waren die Autobahnen der Antike.

Mit dendrochronologischer Datierung von Auwald-Eichen und geologischen Untersuchungen der Ablagerungen in Flusstälern lässt sich nachweisen, dass zwischen dem 1. und 3. Jahrhundert n. Chr. die Hochwasser der Flüsse stark zunehmen. Diese lösen in Verbindung mit starken Regenfällen Bodenerosion auf den gerodeten Hanglagen aus, welche die bevorzugten Wirtschaftsflächen der *villae rusticae* sind. Dadurch lagert sich in den Tälern Geröll und Auelehm teilweise meterhoch an. Diese Böden sind damit in römischer Zeit nicht mehr nutzbar. Es erscheint gut möglich, dass diese ökologischen Veränderungen eine Mit-Ursache für die Aufgabe des Dekumatenlandes sind.

Landgüter (»villae rusticae«) in der Wirtschaftskrise

Geschichte ist immer auch Wirtschaftsgeschichte. So spielt beim Limesfall auch die Wirtschaftskrise im 3. Jahrhundert n. Chr. eine Rolle und die römischen Landgüter (*villae rusticae*) an den Grenzen sind dabei von entscheidender Bedeutung. Die Ernährung der Grenztruppen ist im Imperium Romanum mustergültig organisiert. Auf dem Höhepunkt seiner Macht erstreckt sich das Römische Reich von Nordafrika bis Nordengland. Besonders im Bereich der Lebensmittel erbringt das Imperium logistische Meisterleistungen. Sie sichern einen allgemeinen Ernährungsstandard, der bis zum 20. Jahrhundert nicht mehr erreicht wird, bis zur Erfindung des Automobils und der modernen Konservierung. In Britannien trinkt man in der römischen Armee auch südfranzösischen Wein; römische Offiziere im Innern Ägyptens können Austern genießen.

Diese Inschrift aus Obernburg weist auf ein Holzfällerkommando der Legio XXII Primigenia hin.

Die *villae rusticae* sichern die landwirtschaftliche Versorgung der Grenzarmeen. Sie stellen den Mittelpunkt landwirtschaftlicher Betriebe dar. Diese Landgüter sind äußerst krisenanfällig. Man kann sie mit heutigen strukturschwachen Gebieten vergleichen, die nur über einen einzigen wichtigen Arbeitgeber verfügen. *Villae rusticae* im Limesgebiet produzieren für den lokalen Markt. Wenn Truppen abziehen, fällt der regelmäßige Absatzmarkt weg. Gleiches gilt, wenn Personalmangel in der Erntezeit besteht, die Transportkosten steigen oder die Ernten zurückgehen. Das kann zur Aufgabe von größeren Gütern führen.

Am Limes ist in einigen Regionen schon für Ende des 2. Jahrhunderts n. Chr. nachweisbar, dass der Ausbau der Güter stagnierte. Während des 3. Jahrhunderts scheinen die meisten Bewohner die *villae rusticae* verlassen zu haben, obwohl nur selten Zerstörungen belegbar sind. Insgesamt kann man an den rechtsrheinischen Landgütern im 3. Jahrhundert n. Chr. einen Trend zur Verkleinerung ablesen. Es ist anzunehmen, dass die veränderte Sicherheitslage die Bewohner der Limesregion in geschütztere Provinzen treibt. Dadurch verschärft sich der Personalmangel, der die Armeen und die private Wirtschaft betrifft.

Inflation im Imperium führt auch an der Grenze zu einem Teufelskreis

Ab etwa 270 n. Chr. setzt eine ausschreitende Inflation im Römischen Reich ein. Der Staat versucht, der Geldentwertung durch einen geringeren Silbergehalt in den Münzen entgegenzuwirken. Auf dem Höhepunkt der Krise weisen die *Antoniniane* (das Zahlungsmittel seit Caracalla) nur noch einen dünnen Silberüberzug bei gleichem Zahlungswert auf. Dadurch müssen Produzenten und Händler ihre Preise erhöhen, was zu einem Teufelskreis führt. Das Imperium versucht, zusätzliche Einnahmen durch die Erhebung von Zöllen zu erlangen, wie die Einrichtung vieler Benefiziarier-Stationen zeigt (Nuber, S. 448–450). (Benefiziarier sind Sekretäre in den Legionen und dienen auch als Straßenpolizei.) Staatliches Engagement am Limes wie kaiserliche Stiftungen und die Errichtung von Repräsentationsbauten bleiben im Zuge der Inflation aus.

Die Bewohner der Grenzregionen verfügen also im 3. Jahrhundert n. Chr. über deutlich weniger Kaufkraft als zuvor. Damit geht ein Rückgang der Importe einher, wie sich anhand von Funden von Tafelgeschirr aus Keramik (*terra sigillata*) nachweisen lässt. Es gelangte im 3. Jahrhundert n. Chr. immer seltener an den Limes und war von zunehmend schlechterer Qualität. Dasselbe gilt für Olivenöl und eine in der römischen Küche hochbeliebte Fischsauce namens *garum*, die in typischen Amphoren verwahrt wurde, welche für diese Zeit deutlich rarer nachzuweisen sind. Schließlich weisen auch Funde von gefälschten Münzen auf die Wirtschaftskrise hin.

Von der Friedensgrenze zur militärischen Sicherung – der spätrömische Limes

Das *Imperium Galliarum* (Gallisches Sonderreich) stellt nur ein kurzes Intermezzo in der römischen Geschichte dar – von 260 bis 274 n. Chr. –, es schwächt die Grenzen des Römischen Reiches jedoch erheblich. Als sich Ende der 60er-Jahre des 3. Jahrhunderts n. Chr. das Teilreich von Palmyra in Syrien bildet, unterstehen Rom nur noch Italien, der Balkan, Griechenland, die Provinz *Africa* und Teile Kleinasiens. Die Soldatenkaiser stehen immer vor dem Dilemma, Truppen an einen Teil der Grenzen schicken zu müssen, um feindlichen Einfällen zu begegnen, dadurch aber andere Grenzzonen ungeschützt zu lassen. Mit dieser Verteidigung an allen Fronten sind die römischen Armeen hoffnungslos überfordert.

Kaiser Diokletian (284–305 n. Chr.) gelingt es schließlich, das Reich wieder zu stabilisieren. Mit ihm lässt man die Spätantike beginnen. Ab ca. 290 n. Chr. errichtet Rom an Rhein und Donau etliche neue Festungsanlagen. Dieser neue, spätrömische Donau-Iller-Rhein-Limes stellt in viel stärkerem Maße eine militärische Sicherungsmaßnahme dar, als es die frühere Friedensgrenze tat. Er ist ein großräumig konzipiertes Verteidigungssystem. Im engeren Sinn bezeichnet er nur die Befestigungen zwischen Bodensee und Donau, im Weiteren auch die übrigen spätrömischen Festungsanlagen an Oberrhein und oberer Donau. Das neue Konzept/der neue Charakter des Limes wird nötig, weil das bisherige Grenzsystem der neuen Lage nicht mehr angemessen war.

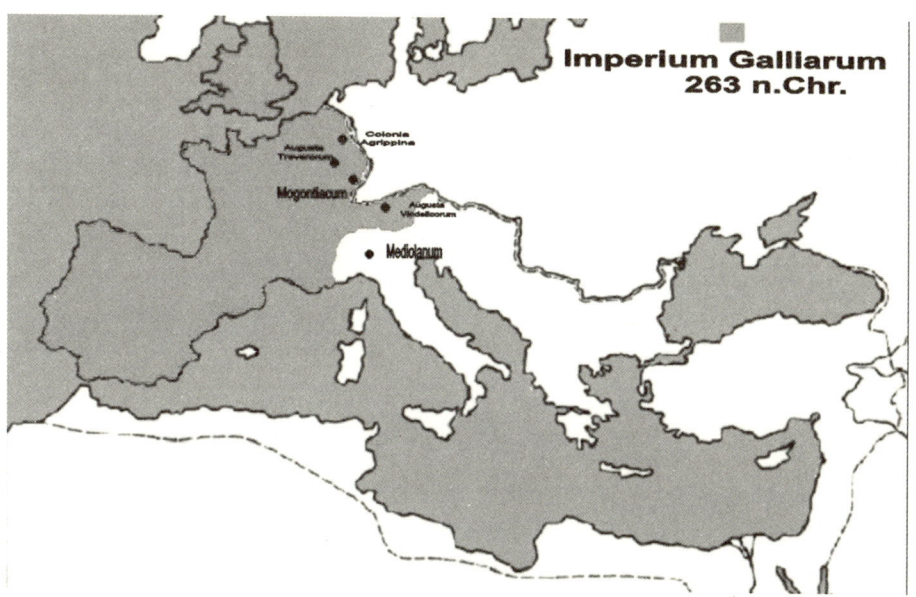

*Das Gallische Sonderreich (*Imperium Galliarum*) zur Zeit seiner größten Ausdehnung.*

Neue Antwort auf eine neue Zeit – der Donau-Iller-Rhein-Limes

Der Obergermanisch-Rätische Limes hat um 260 n. Chr. ausgedient, weil er nie als militärische Defensivanlage für die Nordgrenze gedacht war. So eine Vertei-digungslinie ist jetzt aber notwendig geworden. Nun zieht Rom seine Armeen an leichter zu verteidigende Gewässer zurück, vor allem an den Rhein, den Bodensee, die Donau und die Iller, wo man auch Kastelle errichtet. Die geän-derte Strategie berücksichtigt die Bedürfnisse der neuen mobilen Feldheere (*comitatenses*) und der stationären Grenztruppen (*limitanei*), der römischen Arme-en der Spätantike. Die *comitatenses* nach dem Limesfall sind besonders kampf-kräftige Einheiten, großteils die Elitelegionen der Donauarmee. Die *limitanei* (Grenzer) werden anders als die *comitatenses* nicht an strategisch wichtigen Punkten im Hinterland eingesetzt, sondern direkt an der Grenze stationiert. Die

Einheiten in den meisten Festungen sind nun eher klein, weil die Zahl der Anlagen deutlich erhöht worden ist.

Die Verteidigung der spätrömischen Grenzen stützt sich einerseits auf einen Festungsgürtel. Diesen bildet u. a. der Donau-Iller-Limes – doch dazu später mehr. Andererseits beruht die Grenzsicherung auch auf offensiven Operationen und Präventivschlägen, außerdem auf dem *foedus*, dem Bündnis mit germanischen Fürsten. Um Nichtrömer für das Imperium einsetzbar zu machen, schließt Rom seit jeher Bündnisse. Das *foedus* ist ein zwischenstaatlicher Vertrag, der seit der römischen Republik gängig ist. Es ist bis in die Spätantike hinein ein wichtiges Instrument römischer Außenpolitik. Die *foederati* (Föderaten) erhalten als Gegenleistung für ihre Söldnerkämpfe Versorgungsgüter und oft auch Land im Imperium Romanum.

Im 5. Jahrhundert n. Chr. wird sich die weströmische Armee zunehmend auf Föderaten stützen. Sie werden regelrecht zum Rückgrat des Militärs. Die Rekrutierung von Föderaten ist für (West-)Rom viel billiger als die Ausrüstung römischer Verbände. Ab dem späten 5. Jahrhundert können *foederati* auch gemischte Verbände aus Römern und »Barbaren« sein. Die Föderaten tragen ebenfalls zum Untergang des Weströmischen Reiches bei: Ihr germanischer Kommandant Odoaker setzt 476 n. Chr. anlässlich einer Meuterei der Föderaten den letzten weströmischen Kaiser Romulus Augustulus ab.

Die »burgi« – eine Weiterentwicklung der alten Limestürme

Zum oben genannten neuen Festungsgürtel gehören die *burgi* – die Römer kennen zwei Arten von Türmen: den einfachen Wach- und Wehrturm (*turris speculatoria*) und den bewohnten Wachturm (*burgus*). Mit dem Turm führen sie die wichtigste Bauform ihres traditionellen Befestigungswesens in Germanien ein. Der *burgus* bezeichnete ursprünglich einen festen Turm, aber auch einen befestigten Palast oder ein militärisches Lager. Seit dem 2. Jahrhundert n. Chr. wurde der Begriff enger gefasst und bezog sich dann vorwiegend auf den steinernen Wehr- und Wohnturm (kleines Kastell). Dieser ist ein quadratischer, bewohnbarer Turm mit einer Grundfläche von ca. zehn mal zehn Metern. Er kann aus mehreren Etagen bestehen und besitzt normalerweise weder Wälle noch

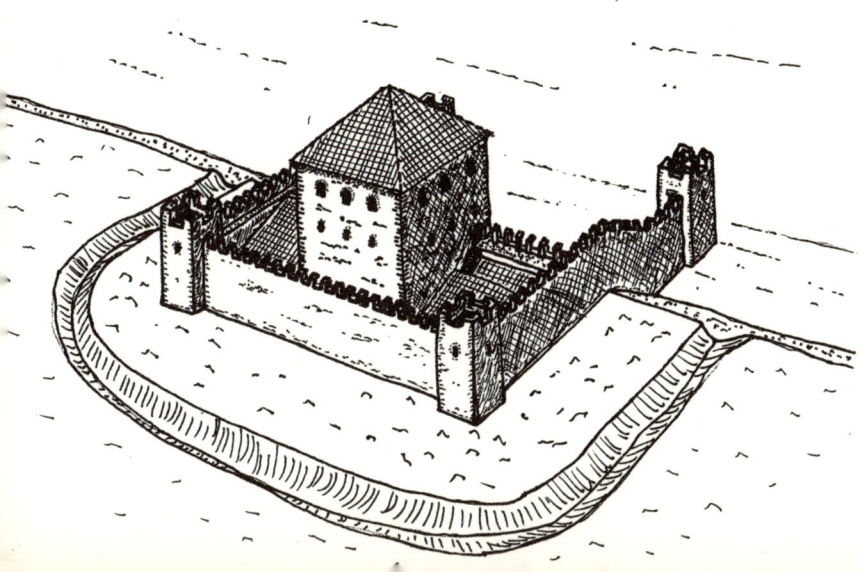

Der Burgus von Ahegg im Oberallgäu (Bayern).

Rekonstruktionsskizze des Ladenburger Schiffslände-Burgus.

Gräben. Die an strategisch wichtigen Punkten erbauten *burgi* gewährleisten den Schutz der Grenzen, außerdem der Handels- und Verkehrswege.

Die *burgi* in Germanien entstehen erst in größerer Zahl, als es in den Provinzen *Africa* und *Arabia* schon hoch entwickelte Wohntürme gibt, nämlich nach dem Einfall der Alamannen 260 n. Chr. Am Rhein sichern Kastelle auch das Nordufer des Flusses. Einige der *burgi* sind nur per Schiff zu erreichen, wie der *burgus* bei Ladenburg. Diese Wachtürme stehen in Sichtabstand zwischen den Kastellen und dienen der Grenzüberwachung und der schnellen Alarmierung bei einem Angriff. Die römischen Festungen der Spätantike sehen meist ganz anders aus als die Kastelle vor 260 n. Chr. Es geht jetzt weniger um die Kontrolle des friedlichen Grenzverkehrs im Dekumatenland als vielmehr um eine militärische Sicherung der Grenzregion. Dazu wurde eine Kette von kleineren, aber stark befestigten Stützpunkten errichtet. Die Römer haben damit bereits Erfahrungen im Orient gemacht, an der Grenze zum Gebiet der Sassaniden.

Aber auch bei den spätantiken Grenzanlagen gilt: Sie sind nicht dazu konzipiert, größere Angriffe abzuwehren. Dazu eignen sich die kleinen Festungen gar nicht. Sie sollen jedoch die Überwachung ermöglichen und Plünderer abschrecken. Offensive Operationen bleiben aber auch im 4. Jahrhundert n. Chr. Usus: Rom unternimmt immer wieder Feldzüge jenseits des Limes, um die Stammesverbände dort einzuschüchtern, zu bestrafen und koordinierte Attacken auf das Römische Reich zu verhindern. Die Sicherheitslage Roms verschlechtert sich stark, als ab ca. 400 n. Chr. diese Feldzüge unterbleiben.

Der neue Limes ist der verstärkte alte

Um es klar zu sagen: Der Obergermanisch-Rätische Limes ist tot. Aufgegeben von den Römern. Damit ist auch das Dekumatenland als Provinz passé. Um 300 n. Chr. sprechen die römischen Quellen auch nicht mehr von den *agri decumates*, sondern von der *Alamannia*. Formal verzichtet das Imperium allerdings nie auf die *agri decumates*, wie die Feldzüge im 4. Jahrhundert zeigen. Der neue/alte Abschnitt des Donau-Iller-Rhein-Limes existiert vom 3. bis 5. Jahrhundert n. Chr. Er erstreckt sich auf die Provinzen *Germania superior* und *Raetia*, auf dem heutigen Gebiet von Deutschland, Österreich, der Schweiz und Liechtenstein.

Im Wesentlichen ist die neue Grenzlinie die alte aus der Zeit von 15 bis 70 n. Chr. Auch damals verlief die Trennung zwischen römischem und germanischem Gebiet entlang der Linie des spätantiken Donau-Iller-Rhein-Limes. Im Westen erstreckt sie sich vom Oberrhein zum Bodensee, im Süden von der Iller bis zur Donau und von der Donau bis Regensburg. Der Donau-Iller-Rhein-Limes stellt aber mit seiner dichten Kette aus *burgi* gleichzeitig auch etwas Neues dar; seine Kastelle verfügen zudem über wesentlich stärkere und höhere Mauern als die früheren aus der mittleren Kaiserzeit.

Als sein Hauptverdienst gilt die weitgehende Sicherung der Rhein- und Donaugrenze: Valentinian I.

Die Rheingrenze wird »Chefsache«

Mithilfe dieser Befestigung kann sich das Imperium im 4. Jahrhundert n. Chr. gegen den Druck der Germanen behaupten. Mit Valentinian I. herrscht von 364 bis 375 n. Chr. ein Kaiser, der der Rheingrenze seine ganze Aufmerksamkeit widmet. Als Franken und Alamannen zwischen 365 und 368 n. Chr. wiederholt den Rhein und die Donau überschreiten und die römischen Grenzgebiete plündern, realisiert der Kaiser ein umfassendes Festungsbauprogramm: Er lässt zahlreiche *burgi* errichten. Valentinian stabilisiert die Grenzanlagen (ca. 370 n. Chr.) und erringt mehrere Siege über die Germanen. Ammianus Marcellinus schreibt in seinen *Res gestae*, 28; 2, 1:

At Valentinianus magna animo concipiens et utilia, Rhenum omnem a Raetiarum exordio ad usque fretalem Oceanum magnis molibus conmuniebat, castra extollens altius et castella turresque adsiduas per habiles locos et oportunos, qua Galliarum extenditur longitudo: non numquam etiam ultra flumen aedificiis positis subradens barbaros fines.

(Valentinian schmiedete bedeutende und nutzbringende Pläne. Den ganzen Rhein, angefangen von Rätien bis zur Meerenge des Ozeans, ließ er mit großen Dämmen befestigen und auf der Höhe Militäranlagen und Kastelle, ferner in dichten Abständen an geeigneten und günstigen Stellen Türme errichten, soweit sich die gallischen Länder erstrecken. Zuweilen wurden auch Gebäude jenseits des Stromes angelegt, wo er das Land der Barbaren berührte.)

Valentinian lässt den Limes also mit etlichen kleineren Kastellen und steinernen Wachtürmen zusätzlich sichern. (Dies gilt auch für den Niedergermanischen Limes/Niederrhein, zum Beispiel *Asciburgium* [Asberg], einen römischen Garnisonsplatz im heutigen Moers.) Die Besatzungen dieser neuen *burgi* überwachen den Straßenverkehr.

Asciburgium auf der mittelalterlichen Kopie einer spätantiken Karte.

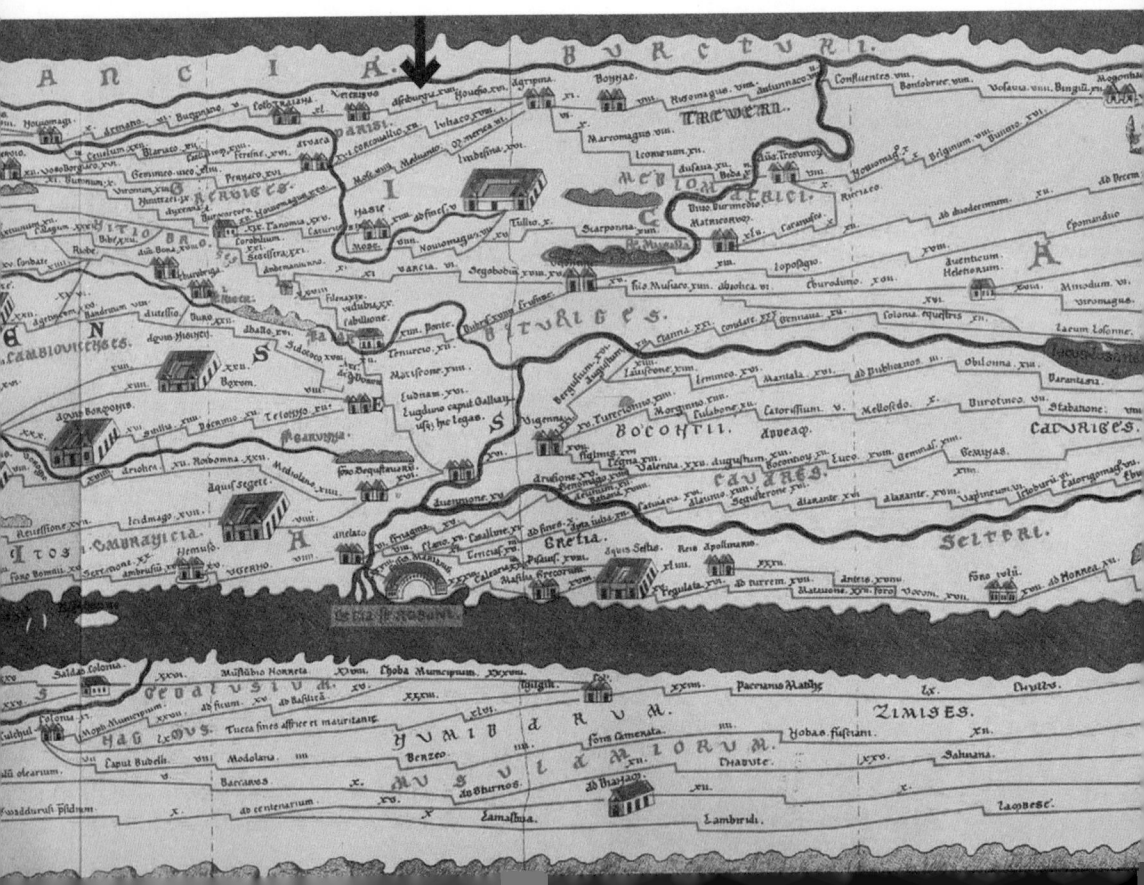

Das spätrömische Reich rüstet auf

Schon Diokletian erhöht die Truppenstärke des Imperiums im 3. Jahrhundert n. Chr., und zwar von 300 000 auf 435 000 Soldaten. Dieser Anstieg setzt sich im 4. Jahrhundert n. Chr. auf bis zu 600 000 Mann fort. Das bedeutet zwar enorme finanzielle Belastungen für den Etat des Reiches, überfordert ihn aber noch nicht. Die Truppen in den nun zahlreicher gewordenen Garnisonen sind jetzt der Befehlsgewalt des zivilen Statthalters (*praeses*) entzogen. Militärisch befiehlt der *dux limitis* (Militärkommandeur) in einer Grenzprovinz. (Die Zuständigkeit der *duces* kann manchmal auch mehrere Provinzen umfassen.) *Praeses* und *dux* müssen sich nun die Macht über die Provinz teilen, werden dadurch voneinander abhängig und kontrollieren sich gegenseitig. Dadurch herrscht zwischen Militärkommandeur und Statthalter oft ein angespanntes Verhältnis. (Siehe Bildtafel nach S. 112 [Kastelle].)

Auch die Teilung der Armeen in stationäre und mobile Einheiten (*limitanei* und *comitatenses*) mit unterschiedlichen Funktionen zeigt, dass sich die Situation im späten 3. Jahrhundert n. Chr. verändert hat: Vorher war es die Ausnahme, dass räuberische

Darstellung der rätischen Kastelle.

Barbaren weit im Innern des Imperiums umherstreiften; nun muss man auch hier mit dauerhafter militärischer Präsenz (der *comitatenses*) für Sicherheit sorgen. Dabei ist die Rolle des Grenzheeres (die *limitanei*) nur noch sekundär. Außerdem ändert sich die strategische Bedeutung der Truppen: Sie sollen nicht primär eindringende Feinde bekämpfen, sondern die diplomatischen und politischen Voraussetzungen eines langen Friedens aufrechterhalten (Moschek, *Der Limes*, S. 112 f.).

Was bedeutet die Teilung des Imperiums für den Limes?

Am 5./6. September 394 n. Chr. findet am *Frigidus*, in der heutigen Slowakei, eine der größten Schlachten in der Geschichte des Imperiums statt und eine der blutigsten der Antike. Darin siegt der (ost-)römische Kaiser Theodosius I. über seine (west-)römischen Rivalen Arbogast und Eugenius. Nach Theodosius' Tod teilt sich das Reich 395 n. Chr. in eine östliche und eine westliche Hälfte. In dem vorangehenden Bürgerkrieg zwischen Eugenius und Theodosius werden die weströmischen Armeen erheblich geschwächt. Für die Abwehr der Germanen an der Nordgrenze erweist sich das als fatal, denn nach der Reichsteilung stehen dort kaum noch schlagkräftige Truppen zur Verfügung.

Nach der Schlacht am *Frigidus* geschehen an der Nordgrenze im Wesentlichen zwei Dinge: Zum einen zieht das Weströmische

Rekonstruktion eines limitaneus *des späten 3. Jahrhunderts n. Chr.*

Reich einen großen Teil der Truppen ab, um Italien gegen die Westgoten zu sichern. Diese »Entblößung« lassen die germanischen Stämme nicht ungenutzt – 406 n. Chr. kommt es zum Rheinübergang, bei dem Germanen in die römischen Rheinprovinzen und in ganz Gallien einfallen. Zum anderen siedelt Westrom nun ganze Stammesverbände als Föderaten (also Bündnispartner) im Reich an, um die Grenze nicht gänzlich schutzlos zu lassen. Das führt zur Unterwanderung der staatlichen römischen Institutionen und der faktischen Entmachtung des Kaisers durch die germanischen Heermeister.

Vorerst lässt Westrom den Limes noch einmal an etlichen Stellen ausbessern und verstärken, und zwar 401/402 n. Chr. Im Sommer 406 n. Chr. aber treiben Hunnen einen Vandalenstamm vor sich her, entlang des Rheins nach Norden. Die Vandalen stoßen am Mittelrhein auf die mit dem Imperium föderierten Franken und schlagen sie. Rom hat die Grenze ungeschützt lassen müssen; daher wählen die Vandalen zum Jahreswechsel 406/407 n. Chr. den Weg über den Rhein: Über die Brücke bei *Mogontiacum* (Mainz) ziehen sie auf römisches Gebiet. Sie plündern die schutzlose Stadt und ziehen danach eine Spur der Verwüstung durch Gallien.

Der Damm bricht: der Rheinübergang von 406/407 n. Chr.

CCCLXXIX. Arcadio VI et Probo. Wandali et Halani Gallias traiecto Rheno ingressi II k. Ian.

(Als Arcadius [zum sechsten Mal, d. h. 406] und Probus Konsuln waren, fielen Vandalen und Alanen nach der Überquerung des Rheins in Gallien ein, einen Tag vor den Kalenden des Januar.)

(Verweis auf Prosper 1229 f., in: *Chronica Minora I*, hrsg. von Theodor Mommsen [*Monumenta Germaniae Historica*, AA 9], Berlin 1892, S. 465)

So schreibt der spätantike Schriftsteller und Heilige Prosper Tiro von Aquitanien (390–455 n. Chr.). Daher nimmt man den 31. Dezember 406 n. Chr. als Beginn des Rheinübergangs an. Daran sind nicht nur Vandalen beteiligt, sondern auch Sueben und Alanen. Diese Stämme teilen sich dann wieder auf und ziehen in verschiedene Richtungen. Die wenigen weströmischen Truppen, die an der

Rheingrenze verblieben sind, können die Invasoren nicht aufhalten. Der Rheinübergang von 406/407 n. Chr. ist für das Imperium überaus folgenschwer. Die Römer sind auch im Weiteren nicht mehr in der Lage, die eingebrochenen Barbaren zurückzudrängen. Im Gegenteil: Den Invasoren steht erst einmal Gallien offen. Der Rheinübergang ist der eigentliche Beginn des Eindringens barbarischer Gruppen in das Westreich.

Der Limes am Rhein bricht allerdings noch nicht total zusammen: Der Mainzer Dukat (Militärdistrikt) wird anschließend wiedererrichtet. In den Jahren ab 411 gelingt es Constantius III., die Rheingrenze noch einmal zu stabilisieren. In der Rückschau betrachtet waren die Barbareneinfälle von 407 n. Chr. für die Zeitgenossen aber wohl verheerend. Der oströmische Historiker Olympiodoros von Theben (5. Jahrhundert n. Chr.) lässt seine *Historischen Bücher* mit dem Jahr des Rheinübergangs beginnen. (Siehe Bildtafel nach S. 48 [Völkerwanderung].)

Die Agonie des Limes während der Völkerwanderung

Die Geschichtswissenschaft versteht unter Völkerwanderung im engeren Sinne die Wanderungen vor allem germanischer Gruppen in Mittel- und Südeuropa, und zwar im Zeitraum vom Einbruch der Hunnen nach Ostmitteleuropa (375/376 n. Chr.) bis zum Einfall der Langobarden in Italien (568 n. Chr.). Der Rheinübergang fällt also schon in diese Zeit. Das Jahr 407 n. Chr. bedeutet nach neuerer Forschung aber noch nicht das endgültige Ende des Rheinlimes. Zwischen 407 und 435 n. Chr. verteidigen vor allem die Burgunder als *foederati* in römischen Diensten die Grenze. Um 420 n. Chr. kontrollieren sie gemeinsam mit regulären weströmischen Einheiten noch einmal den Rhein in seiner ganzen Länge. Nach etwa 450 n. Chr. beschleunigt sich dann aber der Verfall der römischen Herrschaft nördlich der Alpen. Seit einem Sieg 486/487 n. Chr. herrschen hier die Franken. Damit endet die römische Kontrolle über die Rheinregionen. Die Reste der römischen Grenztruppen am Rhein scheinen sich nun den Franken anzuschließen und erst langsam assimiliert zu werden.

Das Ende des klassischen Limes ist am besten am Donau-Iller-Rhein-Limes sichtbar. Er hält das Imperium nicht mehr kulturell oder räumlich zusammen. Dem Reich fehlt das Geld, um ihn ausreichend zu bemannen. Daher ist er für barbarische Eindringlinge schon längst kein ernst zu nehmendes Hindernis mehr. Das Konzept der wie auf einer Perlenkette aufgereihten statischen Befestigungswerke wird den veränderten politischen und militärischen Bedingungen nicht länger gerecht, die diese Zeitperiode mit sich bringt. Zwar war der Limes ohnehin nie als undurchlässige Barriere gedacht, aber nun taugt er auch als Grenzmarkierung und Kontrollinstanz zwischen dem Reich und dem Barbaricum nicht mehr. Ohnehin gleichen sich die Randregionen durch die Gründung germanoromanischer Königreiche auf bisherigem Reichsgebiet kulturell immer mehr an.

Immer wieder das Geld: die leeren Kassen des Westreiches

Ein weiterer Faktor für den Untergang des Limes sind die Finanzen, die ständig leeren Staatskassen. So schreibt der Heilige und Kirchenschriftsteller Eugippius (465–533 n. Chr.) in der *Vita Sancti Severini*:

> Zur Zeit, als das römische Reich noch bestand, wurden die Soldaten vieler Städte für die Bewachung des Limes aus öffentlichen Mitteln besoldet (*publicis stipendiis alebantur*). Als diese Regelung aufhörte, zerfielen sogleich mit dem Limes auch die militärischen Einheiten.

Mittlerweile muss man sagen: Die Kassen Ravennas – denn diese Stadt ist die neue Hauptresidenz der weströmischen Kaiser (seit 402 n. Chr. und bis zum Ende des Weströmischen Reiches 476 n. Chr.) – sind leer. Allerdings stellten West- und Ostrom im 5. Jahrhundert nicht zwei voneinander unabhängige Reiche dar. Nach damaligem Verständnis bildeten sie gemeinsam das unteilbare Imperium Romanum. Daher spricht man besser von einer Teilung der Herrschaft im Römischen Reich als von einer Reichsteilung.

Um es zugespitzt zu formulieren: Westrom kann bereits mit der Wende vom 4. zum 5. Jahrhundert n. Chr. keine eigene Armee mehr am Donau-Iller-Rhein-Limes bezahlen. Das Westreich wirbt sozusagen billige Söldner an. Es füllt seine stark dezimierten Grenztruppen verstärkt mit *foederati* auf, die zwar kostengünstig sind, dafür aber auch disziplinlos und faktisch unabhängig. Die Kassen

Ravennas bleiben auch weiterhin leer, vor allem nach erfolglosen Versuchen in den 460er-Jahren, die Provinzen in Nordafrika zurückzuerobern. Mit dem Geldmangel geht eine weitere Erosion der Armee einher. Außerdem verfällt die Verwaltung und mit ihr die Heeresorganisation und Disziplin.

Die Bevölkerung am Limes ist schutzlos

Skizze einer Kriegerfigur auf einer alamannischen Silberplatte.

Durch die Erosion der staatlichen Institutionen büßt das Kaisertum den letzten Rest seiner Autorität ein. Gegen Ende des Westreiches übernehmen Militärs die politische Kontrolle, was zu chaotisch-anarchischen Zuständen führt. Die Kommandeure der noch einsatzfähigen Armeen, Römer wie Nichtrömer, ringen um Macht, Land und den Zugang zu den verbliebenen Ressourcen. Viele Angehörige der romanischen Zivilbevölkerung am Limes sind getötet worden oder geflohen. Die anderen müssen jetzt selbst für ihre Sicherheit sorgen. Sie ziehen sich hinter die Mauern der noch benutzbaren Legionslager und Kastelle zurück und stellen zur Verteidigung eigene Wachtrupps (*vigiles*) auf – *vigiles* bedeutet wörtlich »Wächter« und bezeichnet ursprünglich Einheiten, die Aufgaben der Feuerwehr und Polizei wahrnehmen. Gerade viele der ehemaligen Grenzsoldaten haben Familie am Limes und betreiben kleinere Landwirtschaften. Daher ziehen etliche von ihnen nicht ab, sondern harren am Ort ihrer Stationierung aus.

In den ehemaligen Provinzen *Germania superior* und *Germania inferior* haben sich seit Diokletian Veränderungen ergeben. Dort haben sich Germania I (*Germania prima*) und Germania II (*Germania secunda*) herausgebildet. Erstere ist eine Provinz der spätantiken Verwaltungsordnung. Sie besteht von 297 n. Chr. bis

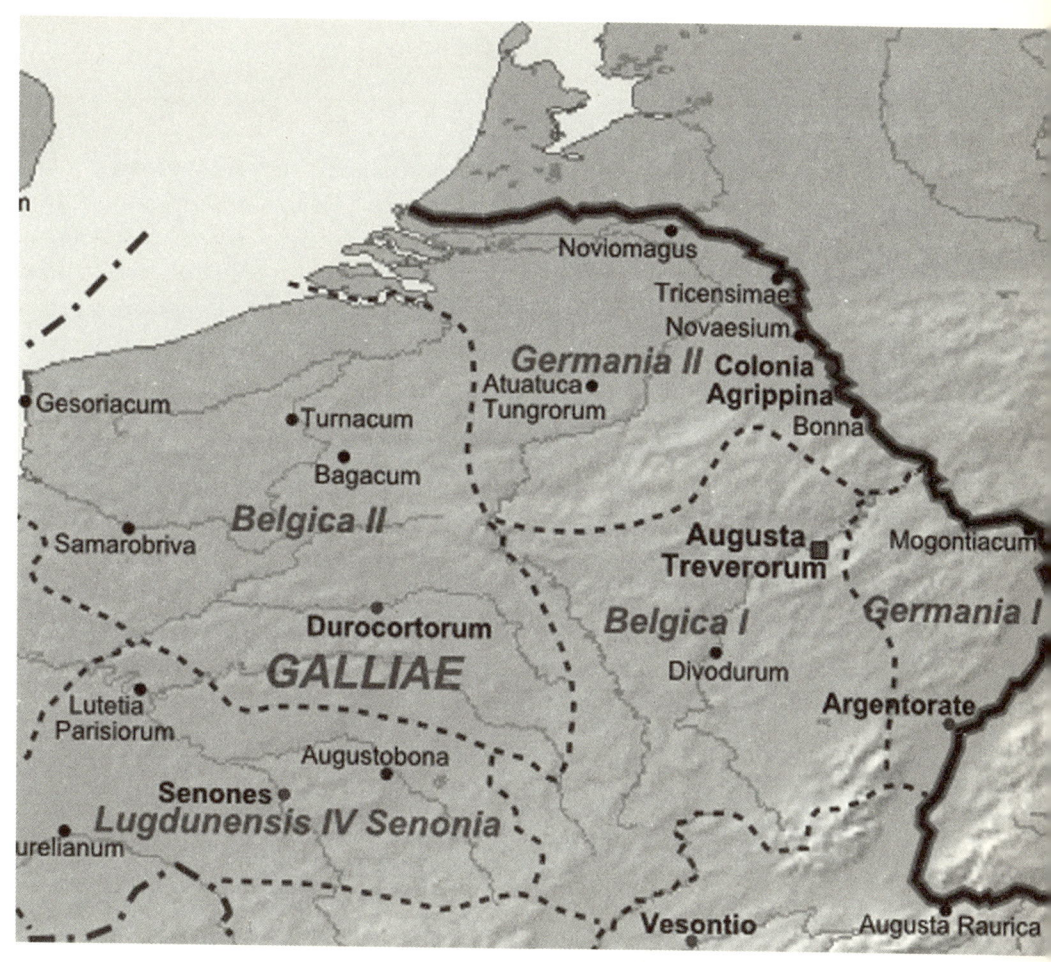

Germania prima *und* secunda.

zum Ende des 5. Jahrhunderts. Germania I wird aus *Germania superior* heraus-gelöst. Der südlich von Straßburg gelegene Teil Obergermaniens wird zur neu-en Provinz *Sequania* (später: *Maxima Sequanorum*) mit der neuen Provinzhaupt-stadt Besançon zusammengefasst. Die Gebiete nördlich von Straßburg bilden *Germania prima*, mit *Mogontiacum* (Mainz) als Hauptstadt.

Germania I und II

Die *Germania prima* ist jetzt Teil der nächsthöheren Verwaltungseinheit *Dioecesis Galliae*. Diese wiederum gehört zur Präfektur Gallien und Britannien. Der zivile Statthalter (*praeses*) untersteht dem *Vicarius* der Diözese und seinem nächsthöheren Vorgesetzten, dem gallischen Präfekten (*praefectus praetorio Galliarum*) mit Sitz in Trier. Militärischer Befehlshaber der in der Germania I stationierten Truppen ist der *Dux Mogontiacensis*, der in Mainz sein Hauptquartier hat. Im späteren 5. Jahrhundert treten offenbar die Kommandeure fränkischer *foederati* an seine Stelle; so wird noch Chlodwig I. um 482 als *administrator* der *Germania prima* bezeichnet.

Die *Germania secunda* geht auf die Provinz *Germania inferior* (»Niedergermanien«) am Niederrhein zurück. Sie wird im frühen 4. Jahrhundert im römischen Staatshandbuch *Notitia dignitatum* als im Bereich des unteren Rheins gelegen beschrieben und von einem *consularis* genannten Statthalter verwaltet. Verwaltungssitz des Statthalters ist *Colonia Claudia Ara Agrippinensium* (Köln). Auch in Germania II existiert der Rheinlimes nach dem Rheinübergang von 406/407 n. Chr. noch eine ganze Weile weiter (Fehr/v. Rummel, S. 85). Viele Kastelle bleiben weiterhin bemannt.

Die Garnisonen am Limes verschwinden daher sicher nicht von einem Tag auf den anderen. Sie werden aber mit der Zeit personell immer schwächer und gehen schließlich in Bürgermilizen auf, deren Loyalität nur mehr ihrem unmittelbaren Befehlshaber oder örtlichen Königen gilt (Heather, S. 473).

Wie geht es mit dem Limes im Oströmischen Reich weiter?

Wie erwähnt, geht das Weströmische Reich 476 n. Chr. unter. Im Osten bleibt die Grenzverteidigung weiter bestehen. Kaiser Anastasios (491–518 n. Chr.) lässt Anfang des 6. Jahrhunderts n. Chr. die sog. Lange Mauer (Anastasiosmauer) westlich von Konstantinopel errichten. Sie reicht vom Marmarameer bis zum Schwarzen Meer und soll Konstantinopel schützen. Anastasios lässt auch den

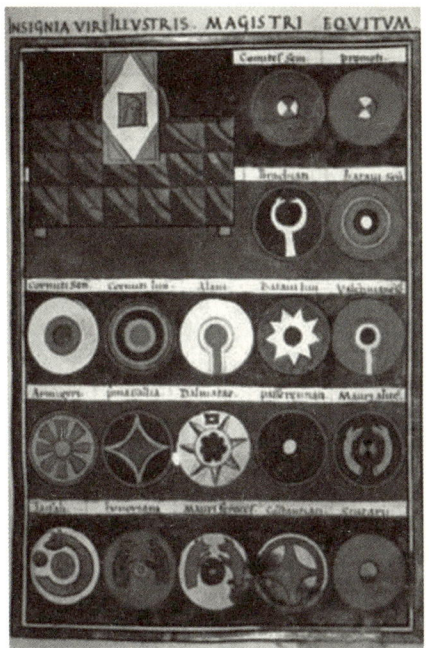

Seite aus der notitia dignitatum *mit Einheitsbezeichnung und Schildemblem der Truppen (*comitatenses*) unter dem Kommando des* magister equitum *(OB der Kavallerie).*

unteren Abschnitt des Donaulimes instand setzen. Justinian (527–565 n. Chr.) ist es, der das letzte große Festungsbauprogramm am Limes initiiert.

534 n. Chr. erobert Ostrom Nordafrika zurück. Wie an der Nordgrenze teilt man in *Africa* die Aufgaben der Machthaber auf in einen zivilen *praefectus praetorio per Africam*, dem sieben Provinzstatthalter unterstehen, und einen militärischen *magister militum per Africam*, der das Oberkommando über fünf *duces* hat (*Tripolitania*, *Byzacena*, *Numidia*, *Mauretania Caesariensis* und *Sardinia*). Um die Mauren abzuwehren, ordnet Justinian die Erbauung etlicher Festungen an. Das letzte große Festungsbauprogramm umfasst auch den Donauraum, wo ebenfalls zahlreiche Kastelle errichtet werden. Justinian verstärkt auch noch einmal massiv den orientalischen Limes in Armenien und Nordmesopotamien.

Auch Ostrom führt jedoch einen aussichtslosen Kampf: Alle Anstrengungen können nicht verhindern, dass der Limes an der unteren Donau schon wenige Jahre nach Justinias Tod zusammenbricht. Die Donau selbst kontrollieren die Römer zwar weiterhin; im Hinterland aber schweifen ungehindert Plünderer umher – es geht schließlich immer weiter an slawische Einwanderer verloren. Der oströmische (byzantinische) Limes (oder vielmehr: die Limites) besteht noch bis in das 7. Jahrhundert n. Chr. Er geht endgültig mit dem Beginn der islamischen Expansion in den 630er-Jahren n. Chr. unter. Diese lässt das östliche Imperium vorerst auf einen byzantinischen Rumpfstaat zusammenschrumpfen.

Wie sind die Grenzen des Weltreiches befestigt?

Egon Schallmayer schreibt im Vorwort zu *Der Limes* (S. 7):

> Angesichts der ungeheuren Menge und Vielfalt der von der archäologischen, althistorischen und historischen Forschung erzielten Ergebnisse sowie der noch offenen, aber auch durch die Wissenschaft stets neu zu stellenden Fragen kann der vorliegende Band nur eine Auswahl bieten und den Leser dazu anregen, sich über die dargestellten Sachverhalte der Geschichte und Kultur der Römerzeit und ihre bis in die Gegenwart hinein andauernden, bedeutenden Nachwirkungen Gedanken zu machen.

Das gilt ebenso für dieses Buch. Vieles lässt sich hier nur anreißen, um beim Leser das Interesse für eine vertiefende Lektüre zu wecken.

Der Limes hat viele Gesichter

Limes ist nicht gleich Limes. Das Grenzwerk des gesamten Imperium Romanum ist sehr vielgestaltig. In der Sahara mit ihrem steinigen und sandigen Boden heben die Römer Gräben aus, die sich über Hunderte von Kilometern hinziehen. An den Ufern der großen Flüsse wie Rhein und Donau (»nasser Limes«) begnügen sich die römischen Armeen mit dem Bau von Kastellen und Wachtürmen. Ansonsten finden sich je nach Region Erdwälle, Holzpalisaden oder Steinmauern. Es besteht schlicht keine reichsweite Normierung für die Befestigungsanlagen, was die Lage und die architektonische Ausführung betrifft. Das liegt zum einen daran, dass der Limes über Jahrhunderte gebaut und verändert wird. Es hat zum anderen selbstverständlich auch mit den unterschiedlichen geographischen Gegebenheiten zu tun. Und schließlich ist es auch darin begründet, dass die römischen Legionen keine einheitliche Armee sind. Vielmehr handelt es sich dabei um Truppen oder Armeen (im Plural). Das römische Militär untersteht keinem gemeinsamen Oberbefehl.

Der Hadrianswall nahe Birdoswald.

Aus einem Guss soll ursprünglich der Hadrianswall sein. Kaiser Hadrian verfolgt bei der Errichtung des nach ihm benannten Walls in Britannien einen Gesamtplan. Auch hier, beim imposantesten Sperrwerk des Limes, ändern sich noch während seiner Konstruktion aber Höhe, Bauart und Stärke. Denn der ursprüngliche Plan muss während der Erbauung mehrmals geändert werden. Aber auch innerhalb eines Abschnitts des Limes gleicht kein Turm oder Kastell exakt dem anderen. Auf jeder Teilstrecke gibt es gewisse Abweichungen. Im Odenwald etwa besteht der Limes zumeist aus Palisaden. Dazwischen steht jedoch eine Steinmauer von etwa 120 Meter Länge und 2,20 Meter Höhe. Die Steine dieser Odenwaldmauer sind an der Innenseite sorgfältig behauen und geglättet, an der Außenseite aber weitgehend unbearbeitet. Die Holztürme im

Odenwald werden später durch Steintürme abgelöst, Palisaden erneuert, durch Doppelreihen oder Steinmauern ersetzt. In diesem Buch konzentrieren wir uns auf die Erscheinungsform des Limes an der Grenze zu den germanischen Gebieten, besonders des Obergermanisch-Rätischen Limes.

Der Limes in Nordafrika: Mauerreste des Kastells von Bu Njem in Tripolitanien.

Der Limes soll sichtbar sein

Allgemein ist bei den Bauwerken des Limes für Rom wichtig, dass sie für den Feind gut sichtbar sind. Dafür nimmt man sogar an einigen Stellen taktische Nachteile hin – mancherorts errichtet man die Anlagen aus diesem Grund nicht auf Höhenzügen, sondern verlegt sie in die Täler. Dadurch sind sie natürlich leichter zu überwinden, dies wird jedoch in Kauf genommen (Moschek, *Der Limes*, S. 1). Diese sichtbare Eingrenzung soll wohl nach innen hin ein Sicherheitsgefühl erzeugen; nach außen hin sind die Anlagen dazu gedacht, die Machtfülle und Erhabenheit des Imperiums (*maiestas imperii*) zu demonstrieren, vor allem in *Germania superior*. Von China und seiner Großen Mauer weiß man zu jener Zeit in Rom noch nichts. Nach damaliger Vorstellung hatte kein anderes Reich das Fachwissen und die Ressourcen, an seinen Rändern solch ein imposantes Bauwerk zu errichten.

In der Spätantike werden die Befestigungen des Limes ein weiteres Mal verbessert. Daher ist es für die feindlichen Völker noch im frühen 4. Jahrhundert mühsam und riskant, ein Limeskastell zu belagern, wenn seine Besatzung sich entschlossen verteidigt. Es gibt nun zwar weniger Kastelle und Wachtürme, die auch erheblich kleiner sind als die Vorgängerbauten; aber sie erinnern zum Teil schon an mittelalterliche Burgen, sind stärker befestigt als vorher und auch mit wenigen Soldaten erfolgreich gegen eine Übermacht zu halten.

Der Niedergermanische Limes

Der Limes in *Germania inferior* besteht vom 1. bis zum 5. Jahrhundert n. Chr., im heutigen Gebiet der Niederlande, Nordrhein-Westfalens und von Rheinland-Pfalz. Der Niedergermanische Limes ist eine Flussgrenze am Rhein, die mit einer Kastellkette versehen ist. Dieser Abschnitt reicht vom Kastell Katwijk-Brittenburg an der Nordsee bis zum Vinxtbach gegenüber dem Kleinkastell Rheinbrohl des Obergermanischen Limes. Der Vinxtbach ist die Grenze zwischen *Germania inferior* und *superior*. Der Rhein stellt eine Grenze dar, die viel natürliche Sicherheit bietet. Darum ist der Niedergermanische Limes nicht mit einer durchgehenden Mauer- oder Palisadenlinie markiert. Gräben oder Wälle braucht diese natürliche Grenzbefestigung ebenso wenig.

Der Rhein ist eine sichere Grenze

In den Kastellen und Wachtürmen am Rheinufer sind die Wachmannschaften stationiert. Dieser Abschnitt ist durch eine gut ausgebaute Militärstraße erschlossen. Der Rhein bildet neben der Grenzzone zugleich eine wichtige Transport- und Handelsroute, sodass jedes Kastell über einen eigenen Hafen oder eine Anlegestelle mit Stapelplatz verfügt. Von Süden nach Norden unterteilt sich der Niedergermanische Limes in drei Abschnitte: Der erste verläuft von *Rigomagus* (Remagen) bis *Bonna* (Bonn). Dort stehen nur wenige Kastelle. Der zweite führt von Bonn nach *Ulpia Noviomagus Batavorum* (Nijmegen) und ist mit erheblich mehr Kastellen versehen. Hier stehen auch die großen Legionslager und Reiterkastelle. Die dritte Strecke zwischen Nijmegen und der Rheinmündung in die Nordsee (*mare Germanicum*) ist durch etliche kleine Wasserläufe und sumpfiges Marschland geprägt. Hier befindet sich nur ein Reiterkastell. Die Grenzsicherung übernehmen dicht aneinandergereihte, kleinere Kohortenkastelle.

Die Grenztruppen des niedergermanischen Heers (*Exercitus Germaniae inferioris*) bestehen großteils aus Auxiliarkohorten, also Hilfstruppen. In *Bonna* (Bonn), *Novaesium* (Neuss), *Vetera* (Xanten) und *Noviomagus* (Nijmegen) stehen ab dem 2. Jahrhundert n. Chr. zusätzlich Legionen als strategische Reserve. In *Colonia Claudia Ara Agrippinensium* (Köln) hat die *classis Germanica*, eine Teilstreitkraft der römischen Kriegsflotte, die zum niedergermanischen Heer zählt, ihr Hauptquartier (zuvor in *Vetera*/Xanten).

Die *classis Germanica* ist neben der Kanalflotte (*classis Britannica*) einer der größten Marineverbände des Römischen Reiches und rangiert vor allen anderen Provinzflotten. Ihr obliegt die Kontrolle und Überwachung der Gewässer der Nordsee, der Rheinmündung sowie des Nieder- und Oberrheins. Die Legionen, Flotten und Auxiliareinheiten befehligt zuerst der Statthalter der Provinz. Ab dem 3. Jahrhundert n. Chr. kommandiert der *Dux Belgicae secundae* die *comitatenses, ripenses* (Uferwächter) und Liburnarier (Liburnen sind leichte Kriegsschiffe).

Der Niedergermanische Limes
soll Weltkulturerbe der UNESCO werden

Nordrhein-Westfalen, Rheinland-Pfalz und die niederländischen Provinzen Gelderland, Utrecht und Südholland bereiten eine Bewerbung bei der UNESCO vor, den Niedergermanischen Limes zum Weltkulturerbe zu erklären. Dies trägt zum Gesamtprojekt »Frontiers of the Roman Empire« bei, das alle Grenzabschnitte des Imperium Romanum erfassen und schützen soll. Hadrianswall, Obergermanisch-Rätischer Limes und Antoninuswall sind ja nur Teile der »Grenzen des Römischen Reiches«. Die deutsch-niederländische Kooperation steht im Kontext der Völkerverständigung, wie auch Egon Schallmayer in *Der Limes* erwähnt (s. o.). Es steht zu hoffen, dass sich solche Bestrebungen langfristig auf alle Grenzanlagen ausweiten werden, in Europa, Kleinasien, dem Vorderen Orient und Nordafrika.

Bei der Bewerbung geht es um 385 Kilometer von Remagen bis Katwijk an Zee. Die Initiatoren (und der Autor dieses Buchs) rechnen mit guten Chancen für eine Aufnahme ins Weltkulturerbe – schließt sich die Strecke doch an den bereits geschützten Obergermanisch-Rätischen Limes an. Der Niedergermanische Limes gibt auch heute noch an zahlreichen Orten Zeugnis von seiner antiken Bedeutung. Die urbane Kontinuität hat die antiken Bodendenkmäler in den Innenstädten oftmals geschützt und erhalten. In Bonn und Neuss etwa prägen die Lagerstraßen der Kastelle immer noch das Stadtbild. Das *praetorium* in Köln gilt als der am besten erhaltene Statthalterpalast im Römischen Reich. Die Kastelle von *Divitia* (Köln-Deutz) und Haus Bürgel bei Monheim zeugen von spätantiker Festungsbaukunst im Rheinland.

Auch heute noch sind Lagerwälle zu besichtigen, die nur zur Übung für die Legionäre angelegt worden sind, bei Bonn (im Kottenforst) und Xanten (im Hochwald). Unüberbaut präsentieren sich das größte Legionslager des Römischen Reiches, das Zweilegionenlager *Vetera I* und *II* bei Xanten-Birten, die beiden rheinabwärts folgenden Hilfstruppenkastelle von *Burginatium* (Kalkar-Altkalkar) und das jüngst entdeckte Lager von Till-Steincheshof. Diese Objekte stützen zugleich die Argumente für den Einsatz moderner Prospektionsmethoden - die Grundrisse kamen zum Vorschein durch den Einsatz von Luftbildarchäologie sowie geophysikalischer Prospektion und liefern spannende Einblicke in die antike Militärarchitektur.

Wie definiert man das Weltkulturerbe in spe?

Die heutigen Staaten des ehemaligen Imperium Romanum, die beabsichtigen, ihren Grenzabschnitt als Weltkulturerbe nominieren, haben sich zu einem Gremium zusammengeschlossen. Es heißt »Bratislava-Gruppe«, so benannt nach dem Ort des ersten Treffens im März 2003. In diesem Gremium arbeiten Delegierte aus Deutschland, Großbritannien, Kroatien, Österreich, der Slowakei und Ungarn. Die Bratislava-Gruppe steht in engen Beziehungen zur UNESCO und wurde von ihr gebeten, eine Definition des Weltkulturerbes »Die Grenzen des Römischen Reiches« zu erarbeiten. Das Gremium schlägt folgende Definition vor:

> Das Weltkulturerbe »Die Grenzen des Römischen Reiches« umfasst die Grenzlinie(n) am Höhepunkt des Reiches unter Trajan bis Septimius Severus (ca. 100 bis 200 n. Chr.) und Militäreinrichtungen anderer Perioden, die an dieser Linie bestanden. Zu den Einrichtungen gehören Legionslager, Kastelle, Türme, die Limesstraße, künstliche Barrieren und unmittelbar angeschlossene zivile Einrichtungen.

Der Obergermanisch-Rätische Limes (ORL)

Der Schwerpunkt dieses Buches bei der Betrachtung der Grenzbefestigungen des Reiches liegt auf dem Obergermanisch-Rätischen Limes (ORL). Daher sei hier zuerst ein Überblick über diesen Grenzabschnitt gegeben. Er besteht vom 1. bis zum 5. Jahrhundert n. Chr. Von 15 v. Chr. bis etwa 70 n. Chr. und wieder ab dem späten 3. Jahrhundert n. Chr. verläuft die römische Grenze am Donau-Iller-Rhein-Limes (DIRL), den das Buch in diesem Abschnitt mitbehandelt. Der ORL liegt in den Provinzen *Germania superior* und Rätien, auf dem Gebiet der heutigen Bundesländer Rheinland-Pfalz, Hessen, Baden-Württemberg und Bayern. Er grenzt die Gebiete östlich des Rheins und nördlich der Donau als »Ausland« ab (abgesehen von der Besetzung des Dekumatenlandes).

Der Postenweg als Ausgangspunkt

Hier sei noch einmal an einen bereits erwähnten Satz zur Übersetzung des Begriffes *limes* erinnert: Ab Julius Cäsar bezeichnet man als *limes* auch Heerwege mit befestigten Wachtposten und Marschlagern auf einer Waldschneise oder rasch angelegten Straßen im Feindesland. Um so einen Postenweg handelt es sich ursprünglich auch in Obergermanien. Ab 162/163 n. Chr. lässt sich dann von einem Grenzsperrwerk sprechen, das mit Wach-/Signaltürmen, Palisaden, Gräben und Erdwällen befestigt ist. An einem kurzen Abschnitt steht sogar eine durchgehende Steinmauer, wie am Rätischen Limes. Voll ausgebaut ist der ORL rund 550 Kilometer lang und reicht von Rheinbrohl (Landkreis Neuwied, nördliches Rheinland-Pfalz) bis nach Hienheim (Kastell Eining) an der Donau. Herauszuheben ist die Strecke, die über 81 Kilometer fast schnurgerade nach Süden verläuft, von Osterburken bis Welzheim (siehe den Abschnitt zur Geodäsie in der modernen Archäologie).

Es ist noch nicht zur Gänze erforscht, wie der Limes an der Grenze zwischen Obergermanien und Rätien genau verläuft. Der Rätische Limes wird um 500 n. Chr. neu organisiert. Man teilt ihn in drei Abschnitte: die *pars superior* (oberen Teil) an der Nordgrenze, die *pars media* (mittleren Teil) an der Westgrenze und die *pars inferior* (unteren Teil) zwischen Regensburg und Passau. In der *pars media* liegen die befestigte Stadt *Cambodunum* (Kempten) und Stützpunkte von *Vemania* bis *Cassilacum*.

Für die Besatzungstruppen (*Exercitus Germaniae superioris* und *Exercitus Raeticus*) gilt Ähnliches wie in Niedergermanien: Sie bestehen zum großen Teil aus Auxiliareinheiten. Die Legionen in strategischer Reserve (ab dem 2. Jahrhundert n. Chr.) liegen in *Mogontiacum* (Mainz), *Argentorate* (Straßburg) und *Castra Regina* (Regensburg). Der *classis Germanica* obliegt auch die Überwachung des Oberrheins. Für die rätische Donau ist die *classis Pannonica* (mit Hauptquartier in *Aquincum*/Budapest) zuständig. Das militärische Oberkommando haben ab dem 3. Jahrhundert der *Dux Mogontiacensis* und der *Dux Raetiae*.

»DER Limes« in Deutschland und seine Strecken

Wenn man in Deutschland vom »Limes« spricht, dann meint man meist den Obergermanisch-Rätischen Limes. Der ORL orientiert sich kaum an den geografischen Gegebenheiten wie Flüssen oder Gebirgen, also wenig an natürlichen Abgrenzungen. Wenn man den europäischen Limes als Ganzen betrachtet, umfasst der ORL davon die längste Landgrenze. Eine Ausnahme stellt nur eine kurze Strecke von wenigen Kilometern dar, an welcher der ORL dem Main und damit einer Flussgrenze folgt (zwischen Großkrotzenburg und Miltenberg).

Ansonsten bilden in Europa weitgehend der Rhein und die Donau den Limes.

Die Reichs-Limeskommission teilt den ORL in 15 Strecken ein. Diese Aufteilung beruht allerdings nicht auf antiken Vorgaben, sondern auf den Verwaltungsgrenzen im Deutschland des 19. Jahrhunderts. Sie sieht folgendermaßen aus:

Strecke 1: Rheinbrohl – Bad Ems; Strecke 2: Bad Ems – Adolfseck bei Bad Schwalbach; Strecke 3: Adolfseck bei Bad Schwalbach – Taunus – Köpperner Tal; Strecke 4: Köpperner Tal – Wetterau – Marköbel; Strecke 5: Marköbel – Großkrotzenburg am Main; Strecke 6a: Hainstadt – Wörth am Main (ältere Mainlinie); Strecke 6b: Trennfurt – Miltenberg; Strecke 7: Miltenberg – Walldürn – Buchen-Hettingen (Rehberg); Strecke 8: Buchen-Hettingen (Rehberg) – Osterburken – Jagsthausen (neuere Odenwaldlinie); Strecke 9: Jagsthausen – Öhrin-

Spätrömischer Offizier in der Ausrüstung des 3. bis 4. Jahrhunderts.

gen – Mainhardt – Welzheim – Alfdorf-Pfahlbronn (Haghof); Strecke 10:Wörth am Main – Bad Wimpfen (ältere Odenwaldlinie/Neckar-Odenwald-Limes); Strecke 11: Bad Wimpfen – Köngen (Neckarlinie); Strecke 12: Alfdorf-Pfahlbronn (Haghof) – Lorch – Rotenbachtal bei Schwäbisch Gmünd (*Ende des obergermanischen Limes, Beginn des rätischen Limes*) – Aalen – Weiltingen-Ruffenhofen; Strecke 13:Weiltingen-Ruffenhofen – Gunzenhausen; Strecke 14: Gunzenhausen – Weißenburg – Kipfenberg; Strecke 15: Kipfenberg – Kastell Eining.

Zusätzlich zu den Strecken nummeriert die Reichs-Limeskommission auch die Kastelle und die Wachtürme (Wp) der Strecken.

Von der Waldschneise zum ORL

Die Varusschlacht ist schon an einigen Stellen des Buches erwähnt worden. Nach der *clades Variana*, der Katastrophe des Varus im Jahre 9 n. Chr., verfolgt Rom den Plan der Elbgrenze zwar noch rund drei Jahrzehnte weiter – danach aber zieht sich das Reich auf die linke Seite des Rheins und die rechte der oberen Donau zurück. Etwa 100 Jahre später entschließt sich Rom jedoch zu einer Arrondierung der Grenzen nach *Germania magna*. Dabei möchte es die Linie zwischen Rhein und Donau verkürzen und nebenbei Land annektieren, das agrarökonomisch interessant ist, wie die Wetterau.

Vor diesem Hintergrund entwickelt sich der reine Postenweg innerhalb von Waldschneisen in mehreren Stufen zum Obergermanisch-Rätischen Limes. Dieser Ausbau erfolgt aber nicht einheitlich. Er geschieht in Obergermanien etwa 40 Jahre früher als in Rätien. Im Odenwald errichtet die römische Armee schon in den ersten beiden Jahrzehnten des 2. Jahrhunderts n. Chr. hölzerne Wachtürme. Sie sind etwa zehn Meter hoch und von Erdwällen umgeben. Der durchschnittliche Abstand beträgt 800 Meter, sodass zwischen den Türmen eine Sichtverbindung besteht.

Zuerst Obergermanien, dann Rätien

Die Archäologie weist die unterschiedlichen Ausbaustufen dendrochronologisch nach. Hierbei untersucht und vergleicht man die Holzfunde der antiken Limesbauten. Ein Beispiel ist das rätische Lagerdorf (*vicus*) des Kastells Buch im

Ostalbkreis, Baden-Württemberg. Die ältesten dendrochronologischen Befunde von dort stammen aus dem Jahr 161 n. Chr. Vermutlich beauftragte Rom sein Militär erst um diese Zeit mit dem Bau der frühsten Befestigungen in Rätien. Beim Kastell Marköbel in der Wetterau/Main-Kinzig-Kreis dagegen datieren die dendrochronologischen Untersuchungen die Palisade schon auf die Zeit um 120 n. Chr. (siehe Bildtafel nach S. 48 [Limespalisade]).

Die ursprünglich errichteten Holztürme schienen sich als witterungsanfällig zu erweisen und wurden durch Steinbauten ersetzt. Besonders augenfällig ist der Ersatz »Holz durch Stein« am Rätischen Limes. Dort errichtete man während der Regierungszeit des Septimus Severus (193–211 n. Chr.) eine durchgehend massive Mauer von bis zu drei Metern. Palisade, Wall oder Graben hatten hier ausgedient. Dieser Wechsel von Holz zu Stein lässt sich gut am Kastell Dambach nachvollziehen (im Landkreis Ansbach in Mittelfranken). Dort gründet die rätische Mauer auf einem sehr gut erhaltenen Pfahlrost. Dendrochronologische Untersuchungen ergeben, dass das dort verbaute Holz in den Wintermonaten 206/207 n. Chr. geschlagen wurde. Wenn man davon ausgeht, dass die hölzernen Palisaden um 160 n. Chr. errichtet wurden, bestanden sie rund 45 Jahre, bevor man sie durch die stabilere Mauer ersetzte.

Aus dem baulichen Unterschied der Grenzanlagen leitet die Forschung ab, dass ihr Unterhalt bei der jeweiligen Provinzverwaltung lag. Umbauten am Limes hingen auch mit Verlegungen im Grenzverlauf des Obergermanisch-Rätischen Limes zusammen. Solche größeren und kleineren Grenzverschiebungen fanden verschiedentlich statt, vermutlich weil Rom die Grenze später begradigte. Besonders auffällig ist die Grenzverlegung am Neckar-Odenwald-Limes, der nachträglich um mehrere Kilometer nach Osten verschoben wurde, ca. 160–165 n. Chr. (darauf wird später noch einmal eingegangen).

Leben am Limes: die Infrastruktur

Derweil waren auf der linken Rheinseite aus römischen Lagern große Städte erwachsen, die Vorläufer von Nijmegen, Xanten, Köln, Bonn, Koblenz und Mainz. In den Mauern dieser Metropolen tobte das pralle Leben mit Brot, Spielen und Gesundheitsversorgung. Die Germanen auf der rechten Rheinseite schauten zu – der Ostblock der Antike.

So schreibt der Archäologe Dirk Husemann am 14. Januar 2009 in *Die Welt* (»Wie die Deutschen die Varusschlacht zurechtbogen«). Im römischen Hinterland der Grenzbefestigung des Obergermanisch-Rätischen Limes sieht es ähnlich aus – ein Netz militärischer Stützpunkte und ziviler Versorgungseinrichtungen zieht sich an den Grenzanlagen entlang, diese sind zudem mit einem effektiven Straßen- und Wegenetz verbunden.

Der Limes erfordert Stützpunkte der Armeen und diese bilden gleichzeitig einen enormen Wirtschaftsfaktor in den Grenzregionen. Am ORL entstehen zuerst kleinere Kastelle für Auxiliartruppen, im Abstand von rund zehn Kilometern. Die Hilfstruppen stellen die Besatzungen der Wachtürme und werden von dort aus benachrichtigt, wenn es Zwischenfälle an der Grenze gibt. Die ersten Kastelle des ORL werden am Neckar und im Taunus errichtet. Ursprünglich sind sie aus Holz und Erde gebaut. Ab 150 n. Chr. folgen Konstruktionen in Stein.

Besonders bekannte Exemplare solcher Kastelle sind die Saalburg (auf die noch näher einzugehen sein wird), das Kastell Feldberg und die Kapersburg, alle drei im Taunus. Im heutigen Aalen (Ostalbkreis, Baden-Württemberg) lag ein besonders großes Kastell für eine Ala, eine berittene Einheit. Wenn die Kastelle Hilfe benötigten, wandten sie sich ihrerseits an die Legionsstandorte in den Provinzhauptstädten, um Verstärkung anzufordern.

Wanne, Wein, Weib – Wirtschaft

Im Umkreis der Kastelle erwächst eine für die Zivilisation im gesamten Imperium wichtige Infrastruktur: Hier entstehen Handel, Straßen, Via- und Aquädukte und ganze Städte. Die Römer nennen ein Lager *castrum* oder in der Verkleinerung *castellum*. Ein *castrum* dient der Armee als Ausgangspunkt für militärische Operationen oder als kurzfristiger Standort vor Schlachten. Besonders die ständigen Garnisonen haben wegen ihrer Wirtschaftskraft einen wesentlichen Anteil an der Romanisierung der Provinzen. Etliche Städte im heutigen Deutschland und anderswo sind ehemalige militärische Standorte der Römer.

Die Soldaten der römischen Armeen erhalten für damalige Verhältnisse einen sehr hohen Sold. Daher bilden sich vor den Toren eines Lagers schnell *canabae*

Grundmauern des Badegebäudes zwischen dem Kastell Feldberg und dem Limes.

(Schenken). Sie entstehen wie von selbst neben jedem Militärstützpunkt. Um die *canabae* herum siedeln sich Gewerbe an, die die Bedürfnisse der finanziell gut gestellten Soldaten befriedigen. Das Motto eines Legionärs lautet *balnea, vina, venus* (Wanne, Wein, Weib). Die Legionäre suchen in der Freizeit eine Gelegenheit, sich von den Anstrengungen des Militärdienstes zu erholen. Daher bildet sich um die Lager herum eine regelrechte Unterhaltungsindustrie und schließlich das Lagerdorf (*vicus*).

In den *vici* leben auch die Angehörigen der *milites* (Soldaten). Neben den Schenken mit ihren Zerstreuungsmöglichkeiten wie Würfelspiel existiert im Umkreis der Kastelle typischerweise auch Prostitution. Händler und Handwerker sichern die Versorgung der Truppen. Einige *vici* entwickeln sich zu größeren und florierenden *civitates*, Hauptorten mit einem städtischen Zentrum nebst Umland. Bekannte *civitates* in *Germania superior* sind z. B. *Arae Flaviae* (Rottweil), *Civitas Aquensis* (Baden-Baden), *Civitas Vangionum* (Worms), *Civitas Nemetum* (Speyer), *Civitas Mattiacorum* (Wiesbaden) und *Civitas Taunensium* (Frankfurt/Main).

Modell des römischen Lagers in Bonn.

Kaiser Wilhelms Prestigeprojekt: die Saalburg

Die Saalburg ist das Parade-Kastell in Deutschland sowie das besterforschte und am vollständigsten rekonstruierte Kastell des Obergermanisch-Rätischen Limes. Es liegt nördlich von Frankfurt/Main und nordwestlich von Bad Homburg auf dem Taunuskamm, ein Kohortenlager. Als die Reichs-Limeskommission 1892 unter Theodor Mommsen mit der Erforschung des Limes im Deutschen Reich beginnt, werden Louis Jacobi und sein Sohn Heinrich die Streckenkommissare auch für das Gebiet der Saalburg. Louis Jacobi überzeugt 1897 Kaiser Wilhelm II., die umfangreichen archäologischen Funde auch zur Rekonstruktion des Saalburg-Kastells zu nutzen. So ist an der *porta praetoria* (dem Haupttor) der Saalburg die Inschrift zu lesen:

Rekonstruierte Front des Kastells Saalburg mit doppeltem Spitzgraben und Porta Praetoria.

GVILELMVS II FRIDERICI III FILIVS GVILELMI MAGNI NEPOS ANNO
REGNI XV IN MEMORIAM ET HONOREM PARENTVM CASTELLVM LI-
MITIS ROMANI SAALBVRGENSE RESTITVIT.

(Wilhelm II., Sohn Friedrichs III., Enkel Wilhelms des Großen, hat im Jahr 15
seiner Herrschaft zur Erinnerung und Ehre seiner Vorfahren das saalburgische Kastell des römischen Limes wiederhergestellt.)

Bei der Grundsteinlegung im Oktober 1900 sagt Wilhelm II.:

Möge die Römerveste auf den Höhen des Taunus so genau wie möglich in römischer Bauweise wiedererrichtet werden, als ein Denkmal vergangener Herrschermacht und folgenreicher Kulturentwicklung in den Beschauern das Verständnis vom Wesen früherer Zeiten beleben, den historischen Sinn wachhalten und zu weiterem Forschen anregen.

Grundstein für die principia *vom 11. Oktober 1900.*

(Hartwig Schmidt, *Wiederaufbau* [Architekturreferat des Deutschen Archäologischen Instituts. Denkmalpflege an archäologischen Stätten, Band 2], Stuttgart 1993)

Louis Jacobi (1836-1910).

Mittelalterliche Burg oder antikes Kastell?

Louis Jacobi hat bereits 1885 mit der Rekonstruktion der Saalburg begonnen, durch einen ersten Wiederaufbau der Südwestecke der Wehrmauer. Jacobi geht die Arbeit als Wissenschaftler an und lässt einen weiten Abstand der Zinnen auf der Mauer anlegen, in Anlehnung an die tiberische Mauer des Prätorianerlagers in Rom. 1898 wird dieser Zinnenabstand jedoch verändert, nämlich verengt. Das ist zwar falsch und hat nichts mit Wis-

*Der richtige weite Zinnenabstand: rekonstruierte SW-Ecke der Wehrmauer;
Rekonstruktion von 1885.*

senschaft zu tun, beruht aber anscheinend auf einer Order Wilhelms II., wie
Dietwulf Baatz vermutet (Baatz, *Die Saalburg*, S. 121). Der deutsche Kaiser kon-
trollierte alle Rekonstruktionspläne und änderte sie ab. Anscheinend war seine
Vorstellung von dem Erscheinungsbild spätmittelalterlicher Burgen geprägt.

Zinnen hin oder her – bis 1907 entsteht die (neben dem Aalener Limesmuseum) bis heute bedeutendste Einrichtung zur deutschen Limesforschung. Das
Saalburg-Museum ist ein überregional bedeutendes Forschungszentrum am
Limes. Von 1967 bis 1993 ist Dietwulf Baatz, einer der bedeutendsten Spezia-
listen der zweiten Hälfte des 20. Jahrhunderts für provinzialrömische Archäologie, Leiter der Institution. Ab 1995 hat Egon Schallmayer dieses Amt inne

Vorhalle der principia *in der Saalburg.*

(auch er ist hier als Autor bereits zitiert worden). 2013 geht er in den Ruhestand. Sein Nachfolger als Saalburgdirektor wird Carsten Amrhein.

Das Kastell als Steinbruch

Lange Zeit ist in Deutschland unbekannt, welch ein Schatz auf dem Gelände der Saalburg verborgen liegt. Nach dem Fall des obergermanischen Limes dient das in Ruinen liegende Kastell als Steinbruch, bis Mitte des 19. Jahrhunderts die Ausgrabungen beginnen. Mit dem Bau an der Saalburg wurde um das Jahr 90 n. Chr. begonnen. Damals errichtete man ein einfaches Holz-Erde-Kastell,

Blick von der Porta Praetoria *ins Innere des Kastells Saalburg.*

das nach Norden hin zum Limes ausgerichtet ist (aus zwei Erdwerken bestehend: »Schanze A« und »Schanze B«). Ursprünglich war hier ein *numerus* (wörtlich: eine »Schar«) stationiert, eine Einheit aus Hilfstruppen, wahrscheinlich zwei Zenturien stark (etwa 160 Mann). Um 135 n. Chr. wurde die Saalburg zu einem Kohortenkastell (eine Kohorte ist eine Einheit der Infanterie von knapp 500 Mann). Die Mauer wurde nun aus Holz und Stein errichtet. Man verstärkte sie in der zweiten Hälfte des 2. Jahrhunderts n. Chr. noch zu einer gemörtelten Steinmauer mit Erdrampe.

Auf diese letzte Bauphase nimmt auch die Rekonstruktion des Kastells an der Wende zum 20. Jahrhundert Bezug. Die neu errichtete Saalburg hat eine Größe von 147 x 221 Metern. Wer waren die Männer, die auf diesen gut 32 000 Quadratmetern untergebracht waren? Der Name der Einheit ist *Cohors II Raetorum civium Romanorum equitata* (2. teilberittene rätische Kohorte römischen Bürgerrechts). Es handelte sich also um eine knapp 500 Mann starke teilberit-

Innenhof der principia.

tene Infanterieeinheit. Die Kohorte unterstand vermutlich dem Legionskommando in *Mogontiacum* (Mainz). Sie war vorher in *Aquae Mattiacorum* (Wiesbaden) stationiert, dann zum Kastell Butzbach (Regierungsbezirk Darmstadt) abkommandiert worden und danach zum Kastell Saalburg. Das Kohortenkastell hielt sich von nun an bis zum sogenannten Limesfall um 260 n. Chr. Dann scheint die Saalburg kampflos geräumt worden zu sein.

Einzigartig: die Freilegung des »vicus«

Die Saalburg ist noch in einem weiteren Bereich einzigartig in Deutschland. Sie stellt nicht nur das Limeskastell dar, das am vollständigsten wiederhergestellt, sondern auch das einzige, dessen *vicus* (zivile Siedlung) teilweise freigelegt und konserviert worden ist. Dieses Kastelldorf liegt direkt vor dem Haupttor der Saalburg (der *porta praetoria*). Dort befinden sich eine *mansio* (allgemein ein

Rastplatz oder eine Herberge; hier wohl eine dienstliche Unterkunft) und das Badehaus für die Soldaten. Die Wohnhäuser sind in ihren Fundamenten und Kellern konserviert und teilweise rekonstruiert. Man nimmt an, dass es sich bei weiteren Funden in diesem Bereich um die Reste eines *Mithraeums* handelt (Mithras ist ein Gott, der die Sonne verkörpert und beim römischen Militär sehr beliebt war).

Das Badehaus oder Kastellbad ist aufwendig gestaltet und mit allen Merkmalen einer römischen Therme ausgestattet. Es beinhaltet einen Umkleideraum (*apodyterium*), ein Kaltbad (*frigidarium*), zwei Laubäder (*tepidarien*), ein Warmbad (*caldarium*) und ein Schwitzbad (*sudatorium*). Für so eine komfortabel ausgestaltete Therme ist einiges an Energie notwendig, die von drei Feuerungsstellen (Präfurnien) generiert wird. Sie speisen eine Fußboden- und Wandheizung (*hypokaustum*), die alle Räume außer dem *apodyterium* und dem *frigidarium* erwärmt.

Man geht davon aus, dass Kastell und *vicus* von bis zu 2 000 Menschen bewohnt werden (500 Soldaten und 1 500 Zivilisten).

Freilichtanlage, Museum und international renommiertes Forschungsinstitut

Für den normalen Besucher ist die Saalburg ein Freilichtmuseum. Sie erfüllt darüber hinaus aber noch eine wissenschaftliche Funktion. Wer die Saalburg besucht, dem fällt zuerst das rekonstruierte Kastell mit der vollständigen Umwehrung auf. Ins Auge springen die Stabsgebäude (*principia*) mit dem Fahnenheiligtum (*aedes*) und der Appellhalle, dem Getreidespeicher (*horreum*), den Baracken für die Stubengemeinschaften (*contubernia*) und dem teilweise rekonstruierten Wohngebäude des Kommandanten (*praetorium*). Das *horreum* beherbergt den Großteil der Ausstellungsräume, die kulturelle, bauliche und militärische Aspekte des römischen Germaniens demonstrieren. Andere Exponate finden sich in der *principia* und der Werkstatt (*fabrica*).

Seit seiner Rekonstruktion ist das Kastell Saalburg auch ein Forschungsinstitut der provinzialrömischen Archäologie, und zwar von internationalem Ruf. Zur provinzialrömischen Forschung gehört insbesondere auch die Untersuchung des Limes. In der Saalburg befindet sich eine Fachbibliothek mit über 30 000 Büchern und 2 200 Diapositiven. Das Saalburgmuseum veranstaltet etliche Kolloquien und gibt zahlreiche Fachpublikationen heraus (Schallmayer, *Hundert Jahre Saalburg*). Im Museum befindet sich ebenfalls eine Geschäftsstelle der Deutschen Limeskommission.

Der »vergessene« und der Vordere Limes

Hier geht es um den Neckar-Odenwald-Limes, der eigentlich zwei versetzte Abschnitte des ORL bezeichnet (siehe dazu oben die Karte im Unterkapitel »Zuerst Obergermanien, dann Rätien«). Diese Abschnitte verlaufen zwar nicht parallel, aber doch in ähnlicher Nord-Süd-Richtung. Die westliche Strecke, den Odenwaldlimes, bezeichnet man auch als den »vergessenen Limes«. Diese ältere Linie wurde ausgeklammert, als man den Antrag stellte, den ORL zum Weltkulturerbe erklären zu lassen. Die UNESCO hat folglich auch nur die östliche neuere Linie geschützt, den Vorderen Limes. In anderen Worten spricht man auch von der Jüngeren Odenwaldlinie (dem Vorderen Limes) und der Älteren.

Zu unterscheiden sind aber auch der Odenwald-Teil des Limes und der Neckar-Teil, weil sie in ihrer Struktur stark differieren. Dabei ist der Odenwaldlimes der nördliche Teil, der Neckarlimes der südliche. Der Odenwald-Abschnitt ist ein Landlimes mit Kastellen, Wachtürmen und Palisaden. Er verbindet den Main (*Moenus*) mit dem Neckar (*Nicer*). Der Neckar-Abschnitt schließt sich im Süden an und gilt als typisches Beispiel eines »Nassen Limes«, einer Flussgrenze also. Geophysikalische Prospektionen von 2009 und 2010 lassen allerdings vermuten, dass sich an stark mäandrierenden Stellen des Neckars außerdem ein Landlimes befindet, der parallel zum Fluss verläuft.

Odenwald und Neckar – zwei Gesichter des Limes

Der Neckar-Odenwald-Limes beginnt nördlich am Main. Im heutigen Landkreis Heilbronn trifft er auf den Neckar. Von dort zieht sich die Linie dem Fluss entlang bis zum heutigen Rottweil (*Arae Flaviae*). Der Odenwald-Teil ist der neuere Abschnitt. Seit Dietwulf Baatz 1964/65 Ausgrabungen im Kastell Hesselbach unternahm, datiert man den Anfang der Odenwald-Linie konventionell auf etwa 100 n. Chr. Neuere numismatische Bewertungen lassen vermuten, dass der Bau dieser Linie noch rund zehn Jahre später beginnt. Die älteren Neckarkastelle entstehen bereits zu Zeiten Vespasians (69–79 n. Chr.). Am übrigen Neckar beginnt der Bau während der Regierung Domitians (81–96 n. Chr.) oder der frühen Zeit Trajans (98–117 n. Chr.). Der Neckar-Odenwald-Limes durchlebt mehrere Umbauphasen, bis man ihn zwischen 159 und 165 n. Chr. auf die schnurgerade Linie des Vorderen Limes vorverlegt.

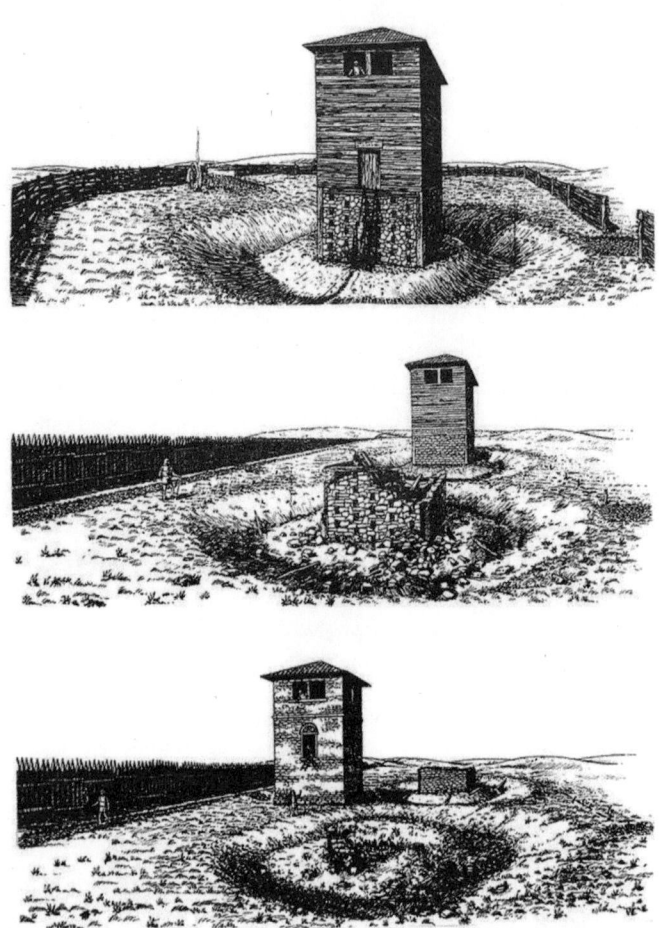

Bauphasen des Odenwald-Limes.

Die längste geradlinige Trasse der Antike

Man stelle sich den »germanischen Urwald« in der Antike vor: wild, unwegsam und alles überwachsend. Dieses Dickicht zu besiegen, bedeutet eine sehr starke Machtdemonstration. In diesem Sinn versteht die Forschung die Abschnitte des ORL, die durch einen exakt geradlinigen Streckenverlauf auffallen. Sie sind wie mit einem Lineal durch die Landschaft gezogen und scheren sich nicht um Widrigkeiten des Geländes. Eine solche Konstruktion soll den Germanen beweisen: Wir sind stärker als ihr und eure Natur. Wie oben angeführt, beweist sich darin auch die technische Überlegenheit Roms gegenüber den Barbaren. Diese außergewöhnliche Präzision wird möglich durch die *Groma* (s. o. bei Geodäsie), womit Rom die längste geradlinige Trasse der gesamten Antike baut (am Vorderen Limes).

Dieser Abschnitt erreicht eine Länge von 81,259 Kilometern und führt von einem Wachturm bei Walldürn bis zum Haghof südlich von Welzheim. An dieser Trasse fällt das sechseckige Fundament eines Turms auf, in Pfedelbach-Gleichen (Nordosten Baden-Württembergs). Es ist der einzige derartige Turm an diesem Limesabschnitt. Die Mauern des Fundaments sind einen Meter breit und damit ungewöhnlich stark. Als zusätzliche Verstärkung besitzen sie einen auf der Außenseite 0,5 Meter weit vorspringenden Sockel. Das Sechseck und die Grundmauern sprechen dafür, dass der Turm weit höher als normal war. Die Forschung vermutet daher, dass er ein Hauptpunkt für die Vermessung der schnurgeraden Trasse ist.

Wo der Rätische Limes beginnt: das Aalener Limesmuseum

Die zweite der bedeutendsten Einrichtungen zur deutschen Limesforschung (neben der Saalburg) befindet sich in Aalen, Baden-Württemberg: das Aalener Limesmuseum. Es liegt im Ostalbkreis, ca. 70 Kilometer östlich von Stuttgart und 50 Kilometer nördlich von Ulm. Es ist ein archäologisches Museum mit angeschlossener Freilichtanlage, das größte Museum am Obergermanisch-Rätischen Limes. (Zugleich ist es ein Zweigmuseum des Archäologischen Landesmuseums Baden-Württemberg.) In der Antike steht auf dem heutigen Museumsgelände das größte römische Reiterkastell nördlich der Alpen.

Die Reichs-Limeskommission hat Aalen in Strecke 12 eingeteilt: Alfdorf-Pfahlbronn (Haghof) – Lorch – Rotenbachtal bei Schwäbisch Gmünd (*Ende des obergermanischen Limes, Beginn des rätischen Limes*) – Aalen – Weiltingen-Ruffenhofen. Aalen liegt damit inmitten einer Strecke, die sich nach den Verwaltungsgrenzen des 19. Jahrhunderts richtet; zu römischer Zeit beginnt hier jedoch ein ganz neuer Abschnitt des Limes. (In der Nummerierung der Reichs-Limeskommission kommen davor allerdings noch das Kleinkastell Freimühle, das Kastell Schirenhof, das Kleinkastell Hintere Orthalde und das Kastell Unterböbingen.)

Der Schwerpunkt des Museums zeigt das römische Germanien im heutigen Südwestdeutschland während des 2. Jahrhunderts n. Chr. Es präsentiert Funde aus dem Kastell und seinem *vicus* (siehe Bildtafel nach S. 112 [Maskenhelm]). Das Limesmuseum gibt gemeinsam mit dem Archäologischen Landesmuseum Baden-Württemberg die *Schriften des Limesmuseums Aalen* zur römischen Geschichte Südwestdeutschlands heraus. Die Reihe richtet sich besonders an Laien und Interessierte. Jedes Heft beleuchtet üblicherweise einen zentralen Aspekt der römischen Geschichte Süddeutschlands.

Das größte römische Reiterkastell nördlich der Alpen

Das Freigelände des Limesmuseums, ein archäologischer Park, liegt auf den *latera praetorii* des ehemaligen Reiterkastells. (*Latera praetorii* bezeichnet den Mittelstreifen eines Kastells nahe dem Stabsgebäude [siehe Bildtafel nach S. 48].) Zu besichtigen sind u. a. die teilweise rekonstruierten Stabsgebäude (*principia*) und ein modellhaft errichteter Abschnitt einer Mannschaftsbaracke. Das Kastell ist zu römischen Zeiten die größte Garnison am Rätischen Limes und ist für eine berittene Eliteeinheit (*ala milliaria*) errichtet. Der heutige Stadtname Aalen könnte auf das lateinische Wort *ala* zurückzuführen sein.

Die älteste Bauinschrift stammt von 163/164 n. Chr., der Regierung Mark Aurels:

[Imp(eratori) Caes(ari)] M(arco) Aur[elio Anto-]
[nino Aug(usto)], p(ontifici) m(aximo), t[ribunicia]
[pot(estate) XVIII], imp(eratori) II, [co(n)s(uli) III, p(atri) p(atriae), et]
[Imp(eratori) Caes(ari) L(ucio)] Aureli[o Vero Aug(usto)],

[Armenia]c(o), trib(unicia) pot(estate) III[I, imp(eratori) II],
[co(n)s(uli) II, su]b cura Bai P[uden-]
[tis proc(uratoris), per ala]m II F[l(aviam) (milliariam) p(iam) f(idelem)]
[fecit? ---]ius Lo[lli]an[us praef(ectus)]

(Für Kaiser Marcus Aurelius Antoninus Augustus, dem Oberpriester, als er die tribunizische Gewalt zum 18. Mal innehatte, Imperator zum 2. Mal, Konsul zum 3. Mal war, dem Vater des Vaterlandes und dem Imperator Cäsar Lucius Aurelius Verus Augustus, dem Armenischen, als er die tribunizische Gewalt zum 4. Mal innehatte, Imperator zum 2. Mal, Konsul zum 2. Mal war, wurden die *principia* unter der Oberaufsicht des Provinzstatthalters Baius Pudens von der *Ala II Flavia milliaria*, der getreuen und zuverlässigen unter dem Oberbefehl des Kommandeurs ...ius Lollianus errichtet.)

Eine Eliteeinheit der Kavallerie in Aalen

Die erwähnte Eliteeinheit ist die rund 1 000 Mann starke berittene Auxiliartruppe *Ala II Flavia milliaria*. Sie ist die einzige Einheit, die für das Kastell Aalen bezeugt ist. Die *ala* entsteht schon 69/70 n. Chr. im Rheinland. Sie trägt unter Domitian den Beinamen (*cognomen*) *pia fidelis Domitiana* (die domitianische, treu und zuverlässig). Bei der Usurpation – oder dem Putschversuch – eines Statthalters in *Germania superior* gegen Domitian stellt sich die *Ala II Flavia* nämlich auf die Seite des Kaisers und hält ihm die Treue. Unglücklicherweise (für die *Ala II Flavia*) wird Domitian nach seiner Ermordung 96 n. Chr. mit der *damnatio memoriae* belegt. (Eigentlich eine moderne Wortschöpfung. In der Antike spricht man von der *abolitio nominis*.) Dies bedeutet, dass die Erinnerung an einen Menschen ausgelöscht sein soll, per staatlicher Verordnung. Jedenfalls entfällt nun das »*Domitiana*« im Cognomen, sodass es bei »*pia fidelis*« bleibt.

In der Provinz *Raetia* wird die *Ala II Flavia* erstmals 107 n. Chr. genannt, durch das Weißenburger Militärdiplom. Als der Limes vorverlegt wird (ins Tal der Rems östlich von Stuttgart), erbaut die *Ala* das Kastell Aalen, wahrscheinlich ihren letzten Standort. Dort wird sie noch bis 166 n. Chr. genannt. 222 n. Chr. kommt es zu einem Déjà-vu für die Einheit – sie erhält von Severus Alexander (222–235 n. Chr.) das Cognomen »*Alexandriana*«, verliert den Ehrentitel aber mit der (wahrscheinlichen) *damnatio memoriae* des Kaisers. Eine Auflösung der Einheit steht aber nicht zur Debatte, denn eine *ala milliaria* hat ein bedeutendes Kampf- und Machtpotenzial (Schallmayer, *Der Limes*, S. 108). Sie ist etwa doppelt so groß wie eine *ala quingenaria*, die nur 500 Reiter umfasst. Von den *alae milliariae* gibt es nie mehr als sieben Einheiten im ganzen Imperium. (Dagegen gibt es rund 80 *alae quingenariae*.) (Siehe Bildtafel nach S. 48 [Reiter].)

Die Ala II Flavia als Sprungbrett

Eine *ala milliaria* untersteht dem Kommando eines *praefectus*. Dieser befehligt 24 Schwadrone (*turmae*). Weil es nur wenige *alae milliariae* gibt, ist der Dienstgrad dieses *praefectus* ebenso selten und hoch angesehen. Der Rang ist ein Sprungbrett zu höchsten Ämtern und steht über den Kommandanten anderer Auxiliartruppen. Es ist anzunehmen, dass der *praefectus* des Kastells Aalen zugleich der stellvertretende Statthalter der Provinz Rätien ist. Jedenfalls untersteht ihm der gesamte westliche rätische Limesabschnitt (von Kastell Schirenhof bis Halheim) (Junkelmann, S. 83).

Dass die *Ala II Flavia* ein Sprungbrett ist, erweist sich besonders an einem Grabstein aus dem 2. Jahrhundert n. Chr., der heute in Castel Gandolfo steht. Aus der Inschrift ergibt sich, dass der Reiter der *Ala II Flavia* aus Rätien zur kaiserlichen Garde versetzt wurde:

Diis Manibus
T[itus] Flavius Qui[n]tinus
Eq[ues] sing[ularis] Aug[usti], lectus
ex Exercitu Raetico
ex Ala Flavia pia fideli
miliaria stipendio-
rum sex vixit annos
XXXVI Publicus Crescens
et Claudius Paternus
heredes benemerenti
posuerunt

(Den Totengöttern, Titus Flavius Quintinus, kaiserlicher Gardereiter, ausgewählt aus dem rätischen Heer, aus der *Ala Flavia pia fidelis miliaria*, diente sechs Jahre, lebte 36. Seine Erben Publicus Crescens und Claudius Paternus setzten dem Wohlverdienten diesen Stein.)

Rekonstruktionsmodell des Kastells im Limesmuseum Aalen.

Am Ende des ORL: das Kastell Eining

Das Kohorten-Kastell Eining (*Abusina*) steht am Ende des Obergermanisch-Rätischen Limes und ist hier als weiteres Beispiel aufgeführt. Es liegt zwischen Ingolstadt und Regensburg, zum einen in der Donaulinie des ORL am Rätischen Limes und zum anderen am spätantiken Donau-Iller-Rhein-Limes. Hier lässt sich ein Kastell am sogenannten Nassen (Rätischen) Limes demonstrieren. Die natürliche Grenze des Imperium Romanum in dieser Gegend ist die Donau. *Abusina* ist eine der wenigen vollständig freigelegten und in ihren Grundmauern rekonstruierten Wehranlagen an diesem Grenzabschnitt.

Das Kastell kontrolliert den Schiffsverkehr auf der Donau und einen antiken Straßenknotenpunkt. In der Nachbarschaft liegen das Alen-Kastell Pförring (nördliches Donauufer) und das Legionslager *Castra Regina* (heutiges Regensburg). Da von *Abusina* aus keine unmittelbare Sichtverbindung zum Kastell

Pförring besteht, errichtet man auf dem Weinberg nordöstlich von Eining einen Wachturm, um den Standortnachteil zu kompensieren. Die Untersuchungen der Reichs-Limeskommission erfassen das Kastell Eining nicht mehr, weil sie mit dem Ende der Limesmauer auf dem westlichen Donauufer bei Hienheim enden. Nach dem Ersten Weltkrieg vergeht noch ein halbes Jahrhundert, bis 1968 der Direktor der Römisch-Germanischen Kommission des Deutschen Archäologischen Instituts (DAI) neue wissenschaftliche Erforschungen initiiert.

Der Römerpark Abusina Eining – ein Erlebnispark

2010 findet ein Wettbewerb statt, um dem Kastellgelände Eining ein neues Gesicht zu geben. Der Siegerentwurf sieht vor, mehrere Konstruktionen aus teils überdimensionalen Stahlplatten im Ausgrabungsgelände zu verteilen, um die archäologische Stätte zu beleben. Das Kastellgelände wird eine parkähnliche Landschaft mit neuem Eingangsbereich, Toiletten und einem Wegenetz für Besucher. Versteckte Mauerreste sollen mit Kräuterbepflanzung sinnlich wahrnehmbar werden. Der Verein Historia Romana als Pächter von *Abusina* setzt sich mit seinen Bedenken nicht durch. (Er möchte das Geld lieber in die Substanzerhaltung der antiken Baureste investieren.) Seit 2011 heißt das Kastellgelände »Römerpark Abusina Eining«. Hier dominieren rostige Stahlplatten-Tore, die direkt vor den antiken Tor- und Gebäudezugängen errichtet sind.

In der Zufahrt der *porta decumana* (dem Hintertor) liegt eine Beton-Stahl-Konstruktion, die als Steg über das abfallende Gelände hinausreicht. Die Stahlplatten dienen auch als Hör-Stationen. An verschiedenen Stellen des Kastells sind Geräusche zu hören, die an das Leben vor 2 000 Jahren erinnern, wie Hufgeklapper und Schreie. Eine Konstruktion aus Stahl, Glas und Beton im Norden des Kastells dient als Aussichtsplattform. Damit ist das Kastell heute ein archäologischer Park. Das Fundmaterial aus Eining verteilt sich dagegen auf das Archäologische Museum der Stadt Kelheim, das Stadt- und Kreismuseum Landshut, die Archäologische Staatssammlung München und das Stadtmuseum Abensberg.

In Eining zeigen sich Mobilität, Flexibilität und Modernität der Armeen

Kastelle werden von Soldaten erbaut. In Eining sind das die *milites* der *Cohors IIII Gallorum* (4. Kohorte der Gallier), wie die Gründungsinschrift ausweist. Das Errichtungsjahr *Abusinas* ist 80 n. Chr., während der Herrschaft des flavischen Kaisers Titus (79–81 n. Chr.). *Abusina* soll die Donaulinie als Teil der Nordgrenze sichern. Die *Cohors IIII Gallorum* bezieht das Kastell auch als erste Stammeinheit. Das Lager ist in seiner ersten Bauphase noch recht einfach gebaut, aus Holz, Erde und mit Fachwerkgebäuden. Anders als in Aalen wechselt die Besatzung des Kastells noch drei Mal: Um 110 bis 115 n. Chr. ersetzt eine *vexillatio* die gallische Kohorte.

Vexillationen sind Abordnungen, die etwa seit Domitian auch als Verstärkungen oder Eingreiftruppen abkommandiert sind, etwa gleichbedeutend mit Detachement, also einer Truppenabteilung, die zu besonderen Aufgaben befohlen ist. In *Abusina* übernimmt eine *vexillatio* von 500 bis 600 Mann, eine Abordnung der *Cohors II Tungrorum milliaria equitata* (2. teilberittene Doppelkohorte der Tungerer). (Die Tungerer sind ein germanischer Volksstamm am Niederrhein.) An dieser Abkommandierung zeigt sich beispielhaft die Mobilität, Flexibilität und Modernität der römischen Armeen (*exercitus Romanorum*): Die Stammeinheit der *Cohors II Tungrorum* bleibt in Britannien und entsendet problemlos die Abordnung in den weit entfernten Donauraum.

Das Imperium denkt in langen Zeiträumen. Das Detachement dauert rund 30 Jahre. Dann ersetzt eine Vexillation einer Schwesterneinheit, der *Cohors IIII Tungrorum milliaria* (4. teilberittene Doppelkohorte der Tungerer), die alte Abordnung, zwischen 138 und 147 n. Chr. Dieses Gastspiel währt aber nur einige Jahre – ab 153 n. Chr. ist die *Cohors III Britannorum equitata* (3. teilberittene britannische Kohorte) in *Abusina* stationiert. Sie besteht aus sechs Zenturien Infanterie und sechs *turmae* Kavallerie. (Eine *turma* besteht aus 30 bis 33 Reitern.) Die *Cohors III Britannorum equitata* verbleibt in Eining bis zum Ende der römischen Herrschaft über Rätien, frühes 5. Jahrhundert n. Chr. Sie baut sogleich das Lager in ein Steinkastell um. Dieser Ausbau steht im Zusammenhang mit einer koordinierten Verstärkung des ganzen Limesabschnitts in dieser Zeit.

Das signum *einer* Kohorte.

Das verstärkte Kastell muss sich gleich bewähren

Der Ausbau der rätischen Kastelle wird bald auf die Probe gestellt. Durch die Markomannenkriege (s. o.) unter Mark Aurel (161–180 n. Chr.) gerät die Provinz Rätien in schwere Bedrängnis. Teilweise entgleitet sie sogar der römischen Kontrolle. So kommt es, dass Kastell und *vicus* von Eining erstmals zerstört werden. Vermutlich ist es erst die *Legio III Italica* (3. Italische Legion), die ca. 175 n. Chr. das Gebiet zwischen *Abusina* und *Castra Regina* wieder unter Kontrolle bringt. Teile der *Legio III Italica* werden um 172 n. Chr. für ca. zehn Jahre im Vexillationslager Eining-Unterfeld stationiert, das nördlich von *Abusina* liegt (heute in der Flur »Unterfeld«).

Nun folgt eine Phase der Ruhe und des Wohlstands für *Abusina*. Die Römer bauen Kastell und *vicus* wieder auf, und die Region hat bis ins erste Drittel des 3. Jahrhunderts Zeit, sich zu regenerieren. Im Jahr 213 n. Chr. besucht sogar Kaiser Caracalla (211–217 n. Chr.) das Kastell Eining. Er begibt sich nach Rätien, um einen Präventivkrieg gegen die Alamannen zu koordinieren, die sich nördlich der Donau konzentrieren (s. o. zum Limestor Dalkingen). Die Feldzüge verlaufen so erfolgreich, dass sie die Provinz und damit *Abusina* für weitere zwei Jahrzehnte vom Druck der Alamannen befreien.

Ab 233 n. Chr. brechen jedoch wieder unruhige Zeiten für die Bewohner der Grenzregion an. Alamannen zerstören *Abusina* erneut bei einem Einfall. Es folgen noch weiter Wellen alamannischer Angriffe. 260 n. Chr. schließlich bricht die römische Grenzwehr in Rätien nahezu völlig zusammen, und die Provinz versinkt im Chaos. Das Kastell Eining wird beim letzten Ansturm niedergebrannt. Die letzten stabilisierenden Faktoren in der Region sind die *Cohors III Britannorum* und die *Legio III Italica*. Sie gehören auch zu den wenigen überlebenden militärischen Verbänden.

Nachstellung / Reenactment eines Auxiliarsoldaten.

*Ein Ausstellungsstück im Limesmuseum
Aalen: ein Maskenhelm des Typs Alexander.*

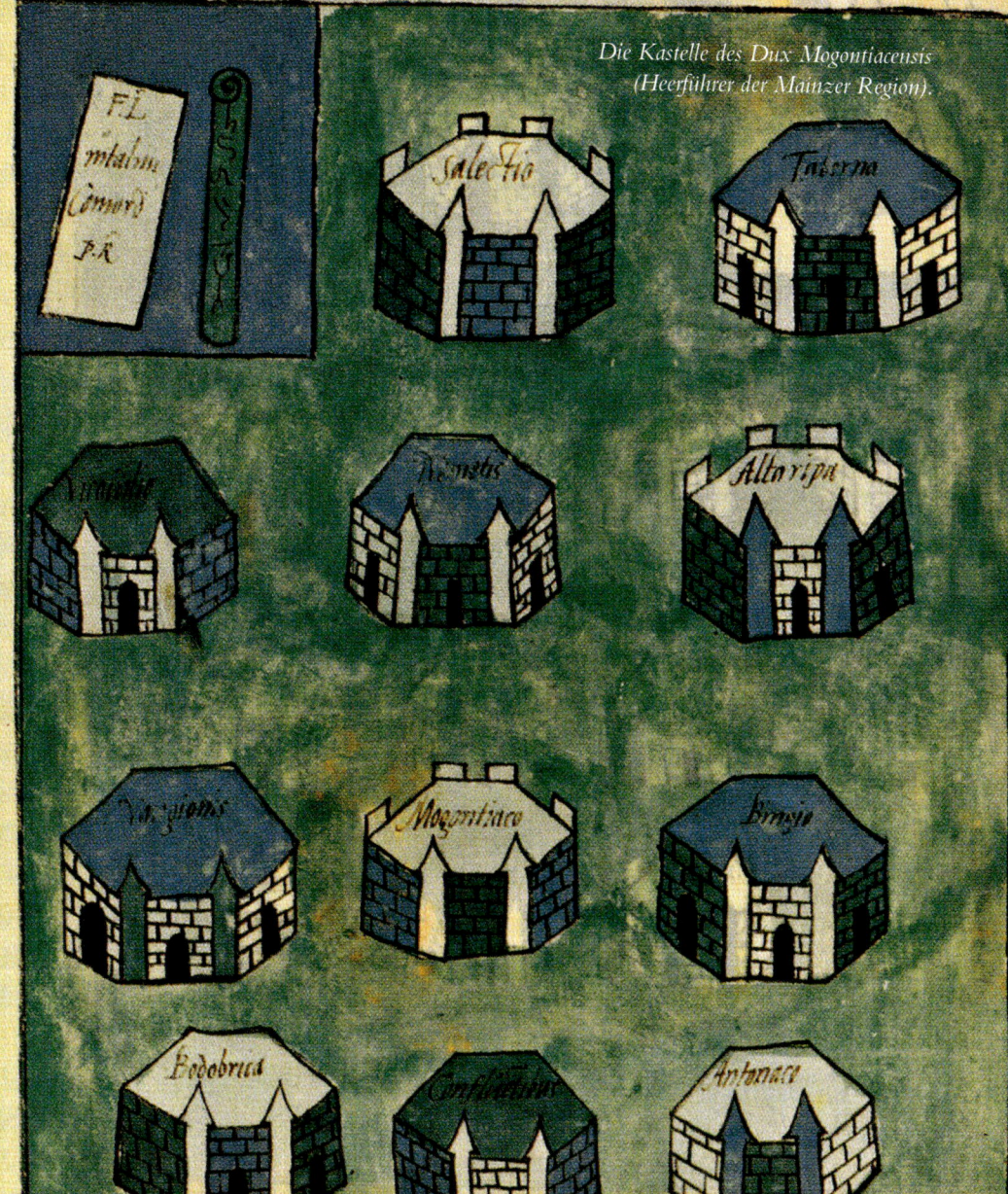

Die Kastelle des Dux Mogontiacensis
(Heerführer der Mainzer Region).

Rekonstruktion der Gladiatorenschule in Carnuntum nach
Messungen mit dem Bodenradar.

Panorama von Volubilis.

Modell des Legionslagers Carnuntum um 210 n. Chr.

Modell des Amphitheaters II in der Zivilstadt Carnuntum um 210 n. Chr.

Der Hadrianswall beim Kastell Housesteads.

»Last man standing« – die Kohorte von Abusina hält durch

Die 3. Britannische Kohorte hält sich in ihrer Garnison, bis die Lage wieder beruhigt ist. Dies geschieht etwa um den Wechsel vom 3. zum 4. Jahrhundert mit den Heeresreformen von Diokletian (284–305 n. Chr.) und Konstantin (306–337 n. Chr.) und mit dem Ausbau des Donau-Iller-Rhein-Limes. Die diokletianisch-konstantinischen Heeresreformen schaffen ein größeres Bewegungsheer, das im Hinterland stationiert ist (*comitatenses*). Man reduziert gleichzeitig die Stärke der Truppen direkt an der Grenze (*limitanei*). Ihre Kasernen werden zu kleineren und stärker befestigten *burgi* umgebaut. Zugleich stärkt Rom die westliche Flanke Rätiens nach dem Verlust der *agri decumates* durch einen Ausbau des Limes.

Die Änderungen der Heeresstruktur zeigen sich exemplarisch auch in *Abusina*. Man reduziert die Stärke der *Cohors III Britannorum* als *limitanei* auf 140 Mann und errichtet in der Südwestecke des alten Kastells eine burgenähnliche Kleinfestung. Sie nimmt weniger als ein Viertel der bisherigen Fläche ein und ist von Gräben umgeben. Die Umwehrung des alten Kastells hält die Kohorte aber weiterhin intakt. Die restlichen drei Viertel des Areals nutzen die Soldaten und die Zivilbevölkerung. Der zerstörte *vicus* wird nicht neu aufgebaut. Stattdessen suchen die Zivilisten hinter den Mauern des Kastells Schutz.

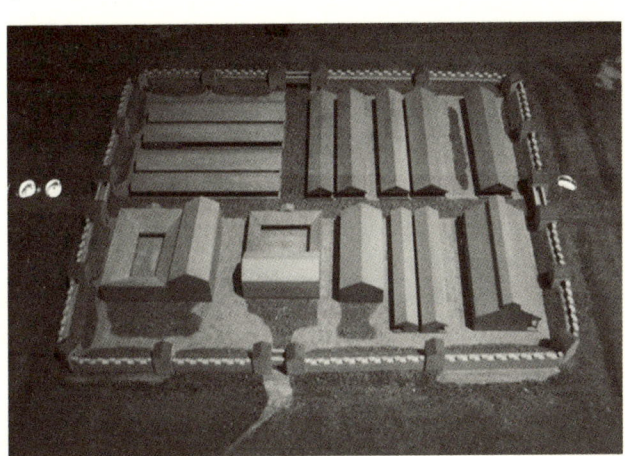

Mitte des 5. Jahrhunderts n. Chr. ist *Abusina* dann nicht mehr zu halten: Seinen endgültigen Untergang besiegelt wohl ein Vorstoß der Alamannen von Westen.

Modell des mittelkaiserzeitlichen Steinkastells.

Der Norische Limes

Der Norische Limes liegt auf dem Gebiet der heutigen Bundesländer Ober- und Niederösterreich. Die Provinz *Noricum* ist ein keltisches Königreich unter der Führung des Stammes der Noriker, das dann zur römischen Provinz wird. *Noricum* liegt im Gebiet des heutigen Österreichs, Bayerns (östlich des Inn) und Sloweniens. Südlich grenzt es an Italien, östlich an Pannonien und westlich an Rätien. Der Norische Limes besteht vom 1. bis zum 5. Jahrhundert n. Chr. Er verläuft an der Donau von *Boiodurum* (Passau) bis *Cannabiaca* (Zeiselmauer). Mit der Donau ist er ebenfalls eine Flussgrenze (*ripa*). Der Norische Limes ist durch eine lockere Kette von Kohortenkastellen gesichert. Die Hauptverbindungsstraße am Norischen Limes ist die *via iuxta amnem Danuvium* (Donausüdstraße).

Eine Militärstraße bis Konstantinopel

Dies ist eine römische Militär- und Fernstraße, die südlich entlang der Donau führt. Sie führt um 100 n. Chr. vom Ursprung der Donau bis hinter Belgrad und dann weiter bis Konstantinopel. Die *via iuxta amnem Danuvium* ist etwa fünf Meter breit und damit für eine Militärstraße relativ schmal. Sie verläuft geradlinig und ist wetterfest gebaut, damit konsequent für militärische Aufgaben konzipiert. Die Donausüdstraße soll den römischen Truppen helfen, den nördlichen Limes zu sichern und zu überwachen. Dazu verkürzt sie die Marschentfernungen, indem die Straße Flusskurven weiträumig und geradlinig abschneidet.

Der Norische Limes ist in seiner ersten Bauphase relativ simpel mit Holz und Erde errichtet. Unter Hadrian (117–138 n. Chr.) wandelt man die Holz-Erde-Bauten systematisch zu Steinlagern um. Diese bringt die römische Armee im 4. Jahrhundert noch einmal auf den neuesten Stand und verstärkt sie massiv. Die Kastelle sind in der bekannten Weise durch Wachtürme/*burgi* verbunden, die in Sichtweite stehen. (Eine Ausnahme bildet der Abschnitt zwischen den Kastellen *Favianis* [heute Bezirk Krems-Land, Niederösterreich] und Melk [ebenfalls Niederösterreich]. Hier erschwert das enge Tal der Wachau mit seinen dicht bewaldeten Steilhängen den Zugang zum Flussufer. Daher stehen an dieser Strecke nur vereinzelt Wachtürme. (Siehe Bildtafel nach S. 48 [Nordtor Kastell *Favianis*].)

Jedes Kastell mit eigenem Hafen

Die Donau ist der zweitgrößte und -längste Strom Europas (nach der Wolga). Sie dient Rom nicht nur als natürliche Grenze und »nasser Limes«, sondern auch als wichtigste Transport und Handelsroute der Region. Daher verfügt jedes Kastell über einen eigenen Hafen oder eine Anlegestelle und einen Stapelplatz. Neben den Kastellen entstehen wie üblich schnell *vici*. Außerdem gründen sich im Hinterland des Limes ummauerte Städte (*municipia*). Beispiele sind *Aelium Cetium* (heute St. Pölten) oder *Ovilava* (Wels). Solche *municipia* sind die Mittelpunkte für Verwaltung und Handel in der Region. In der Spätantike spaltet Rom das norische Grenzgebiet in oberen und unteren Teil (*pars superior* und *pars inferior*).

Auch am Norischen Limes steht eine Besatzungstruppe (*Exercitus Noricus*) aus Auxiliareinheiten. Diese Kohorten stehen unmittelbar am Limes und werden unterstützt durch eine strategische Reserve: die Legion in *Lauriacum* (Enns). Die Überwachung und Sicherung der Donau einschließlich der Nebenflüsse obliegt der *Classis Pannonica*. Wie oben angesprochen, befehligen die Statthalter die Legionen, Auxiliartruppen und die Flotten, bis ab dem 3. Jahrhundert n. Chr. der *Comes Illyrici* (für die *comitatenses*) und der *Dux Pannoniae Primae et Norici Ripensis* (für die Limitanei- und Flotteneinheiten) als Heerführer diese Aufgabe übernehmen.

Der Limes in Britannien

In jeder ehemaligen Grenzregion des Imperium Romanum meint man meist eine andere Teilstrecke, wenn man »DER Limes« sagt. Für die Deutschen ist es der ORL, für die Briten sind es Hadrians- und Antoninuswall. Der Hadrianswall, der unser heutiges Bild des Limes prägt, ist die älteste Welterbe-Strecke des Limes und ist benannt nach Kaiser Hadrian. Hadrian (117–138 n. Chr.) will die Einheit von Stadt und Weltkreis (siehe Unterkapitel »Was ist der Limes?«). Die-

Marc-Aurel-Säule: Römische Transportschiffe überqueren die Donau, Szene aus den Markomannenkriegen von 171 n. Chr.

ses Ideal verkörpert die Mauer. 122 n. Chr. besucht Hadrian die nördlichste Provinz des Reiches. Schon vor diesem Besuch besteht eine locker geknüpfte Kastellkette von der Ost- zur Westküste Britanniens. Diese Linie folgt der alten Strategie – provisorische Grenzen mit Stützpunkten, die nur so lange unterhalten werden, bis die nächste römische Offensive das Gebiet des Imperiums weiter hinein ins Land der Barbaren vergrößert.

Der Kaiser besucht die nördlichste Provinz

Damit soll nun Schluss sein. Es gilt eine neue Militärdoktrin: Das Wichtigste ist nicht mehr die Expansion des Imperiums, sondern die Sicherung des Erreichten unter der *Pax Romana*. Dazu bringt Hadrian eine Legion aus 5 500 *milites* mit, die helfen sollen, das 80 Jahre zuvor eroberte Britannien gegen schottische Stämme zu verteidigen. Und er inspiziert gründlich die Grenzanlagen und die Truppen. Sein sinngemäßes Urteil: verweichlicht! Hadrian kritisiert, dass sich bei den Legionären in der Fremde Luxus breitgemacht hat. Speisesäle, Ziergärten und Arkaden, um trocken zum Exerzierplatz zu gelangen – das gehört nicht in ein Kastell des Imperiums.

Um die neue Doktrin durchzusetzen und die Soldaten zu disziplinieren, befiehlt der Kaiser Folgendes: Die *milites* werden eine 4,5 Meter hohe Mauer bauen, die das Reich von den Schotten trennt. Schließlich sind römische Legionäre es gewohnt, sich ihre eigene Infrastruktur zu schaffen. Auch technisch ist der Bau kein Problem. Die Armeen bauen daher Lager, überbrücken Flüsse und brennen Ziegel. Die Mauer soll 80 römische Meilen lang sein (rund 120 Kilometer). Dazu braucht man fast vier Millionen Tonnen Steine. An der Basis ist die Mauer drei Meter dick, oben führt ein Wehrgang entlang, der von Zinnen gekrönt ist, und die Außenseite nach Norden zu den Barbaren ist weiß verputzt. (Siehe Bildtafel nach S. 112 [Hadrianswall].)

»Opus caementicium« – der römische Beton

Um die Steine zur Mauer zu verbinden, mischen die Legionäre *opus caementicium*, den »römischen Beton«. Es hält die Steine fester zusammen, als es Eisenklammern können. Man nennt es auch »Gussmauerwerk«, eine Art antiker Vorläufer des heutigen Betons und Zements. Die Römer mischen *opus caementicium* aus Steinen, Sand und gebranntem Kalkstein und mengen zur Bindefähigkeit und Druckfestigkeit Puzzolane (Gesteinsmischungen) bei. Das *opus caementicium* erlaubt es, die erwünschten Formen zu gießen,

Wallanlagen und Kastelle in Nordbritannien (um 155 n. Chr.).

statt den Naturstein mühsam zu behauen. Dazu gießt man den Zwischenraum einer äußeren und inneren gemauerten Schale mit »römischem Beton« aus. Dieses Guss- oder Schalenmauerwerk ist das *opus implectum*. Das *opus caementicium* ereilt im Mittelalter ein ähnliches Schicksal wie den Rätische Limes/die »Teufelsmauer«: Es wird vergessen. Die Kenntnis der Wirkung von Puzzolanen ist nach der Blütezeit der Antike untergegangen.

Jede Meile ein Tor!

Der Bau des Hadrianswalls dauert sechs Jahre. Die Militärführung in Britannien scheint die kaiserliche Order übertrieben zu finden. Als Hadrian gerade wieder in Rom ist, reduziert man die Stärke/Dicke der Mauer von drei auf zwei Meter. Der Kaiser hat einen Befehl erteilt, der streng eingehalten wird: »Jede Meile ein Tor.« (Eine römische Meile entspricht etwa 1,5 Kilometern.) In diesem Abstand öffnet sich die Mauer. Hinter jedem Tor liegt ein kleines Kastell (*milecastle*) mit einer Fläche von 60 Quadratmetern. Aus dem Barbaricum führt der Weg durch dieses Kastell in die Provinz.

Wenn beim Obergermanisch-Rätischen Limes gilt, dass er sich kaum an die geographischen Gegebenheiten wie Flüsse oder Gebirge hält, so gilt das beim Hadrianswall noch mehr: Auf vorhandene Wege oder topographische Bedingungen nehmen die Bautrupps keine Rücksicht. Den Abstand von einer Meile halten die römischen Soldaten selbst dort durch, wo er keinen Sinn ergibt. Besonders offenbar wird das am Militärkastell von Cawfields, das zu den bekanntesten Bauwerken am Hadrianswall zählt. Die Wahl des Standorts zeigt, wie kompromisslos die römischen Ingenieure den Abstand zwischen den *milecastles* einhalten. Das Nordtor des Kastells öffnet sich auf einen Abhang, der für Wagen und Reiter nicht zu passieren ist. Dabei besteht nur wenige Meter westlich ein viel besser geeigneter Übergang. Nur in einem einzigen Fall halten die Römer zwar die Distanz von einer Meile ein, sparen sich aber das Tor zum Kastell, weil es sich auf einen zehn Meter tiefen senkrechten Abbruch öffnen würde.

Reste eines Wachturmes am Hadrianswall.

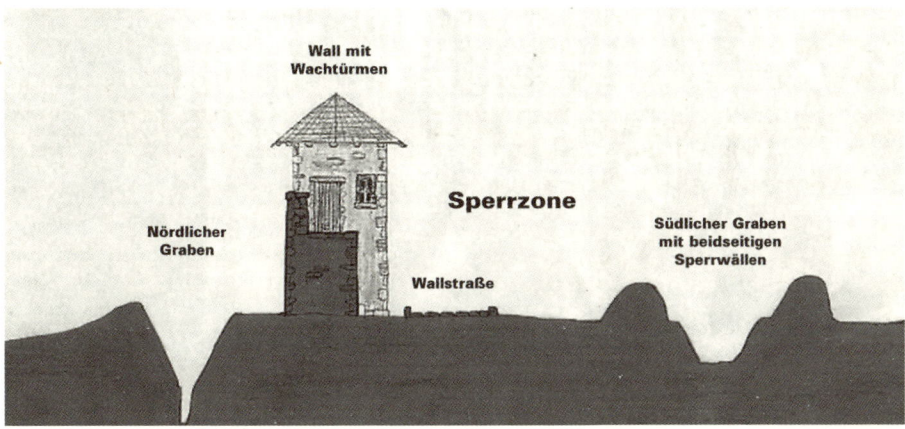

Wall mit
Wachtürmen

Sperrzone

Nördlicher
Graben

Südlicher Graben
mit beidseitigen
Sperrwällen

Wallstraße

Schnitt durch die Sperranlagen des Hadrianswalls.

Auch der Hadrianswall ist durchlässig

Die Kastelle mit ihren Toren sorgen dafür, dass der Hadrianswall ebenso durchlässig ist wie der ORL. Der Wall soll das Imperium sichern, aber er soll auf keinen Fall den Handel mit den Hochlandvölkern unterbinden. Die 80 Durchlässe auf 120 Kilometern erlauben den Austausch von Waren. Dieser wird durch Wächter und Zöllner auf 158 Beobachtungstürmen kontrolliert. Die Steinmauer in Britannien bietet zwar mehr Schutz als der ORL, aber an der Grenze in Britannien stehen nur 9 000 *milites* – zu wenig, um die Grenzanlage im Ernstfall bei einem Angriff zu verteidigen.

Allerdings fühlt Rom sich auch sicher. Das beweisen Wasserleitungen, die nördlich des Hadrianswalls im Barbaricum zur Versorgung der Militärlager im Süden der Mauer angelegt sind. Zur Zeit Hadrians besitzen die Römer noch ein immenses Selbstbewusstsein. Sie verspotten die Einheimischen als *brittunculi* (Britannierlein). Aus römischer Sicht können diese Rückständigen froh sein, dass die größte Macht der Antike ihnen großmütig die friedliche Koexistenz anbietet.

Am Anfang steht die »Steinstraße«

Der Hadrianswall verkörpert die strategische Neuausrichtung nach der provisorischen Grenze mit Stützpunkten. Diese Straße mit lockerer Kastellkette bezeichnet man als Stanegate, die Steinstraße. Die Stanegate markiert bis zum Übergang vom 1. ins 2. Jahrhundert n. Chr. die Nordgrenze in Britannien. Sie verläuft etwas südlich des späteren Hadrianswalls, etwa von Carlisle bis Corbridge, und stammt aus den Feldzügen der 70er-Jahre des 1. Jahrhunderts n. Chr. Die ersten Kastelle am Stanegate stehen noch einen Tagesmarsch voneinander entfernt, was in der Frühzeit der Besetzung im britannischen Norden durchaus ausreichend ist. 105 n. Chr. lässt Trajan die Distanz zwischen den Lagern auf ungefähr einen halben Tagesmarsch verkürzen.

Bei allem römischen Willen, die Natur zu besiegen und dem Feind die Macht des Imperiums zu demonstrieren – bei der Stanegate ist keine gerade Trasse möglich. Dazu ist das Gelände zu schwierig und hügelig. Trotzdem nehmen die römischen Bautrupps zuerst auf die Topographie kaum Rücksicht. Spätere Änderungen passen die Steinstraße aber dem Gelände besser an. Die Stanegate ist rund sieben Meter breit. An beiden Seiten befinden sich Abflusskanäle, die mit Steinplatten abgedeckt sind. Eine 25 Zentimeter dicke Kiesschicht bedeckt als Straßenbelag einen 15 Zentimeter dicken Unterbau aus größeren Steinen.

Schottlands schmalste Stelle – der Antoninuswall

Der Antoninuswall liegt 160 Kilometer nördlich des Hadrianswalls, an Schottland schmalster Stelle (Central Belt), quer durch die Lowlands. Er ist eine Befestigungsanlage aus Stein, Holz und Grassoden. Mit rund 60 Kilometern ist der Antoninuswall nur gut halb so lang wie der Hadrianswall und ist als zweite Wallanlage im Norden Britanniens auch weniger bekannt als der Hadrianswall. Ein Grund dafür mag sein, dass der Antoninuswall nicht aus einer Steinmauer besteht. Dieser Wall ist auch jünger als sein Pendant im Süden. Sein Bau beginnt 20 Jahre nach Hadrians Besuch in Britannien und dauert von 142 bis 144 n.

Meilenstein am Stanegate bei Codley Gate (Henshaw/Northumberland).

Chr. Sein Name geht zurück auf Kaiser Antoninus Pius (138–161 n. Chr.).

In den ersten Herrschaftsjahren dieses Kaisers erobern die Römer noch ein Gebiet nördlich des Hadrianswalls, nämlich die 160 Kilometer bis zum Central Belt. Die römischen Bautrupps errichten die 60 Kilometer des neuen Walls in nur zwei Jahren, was eine beeindruckende Leistung ist. Bis die gesamte Infrastruktur um den Antoninuswall mit Straßennetz etc. fertiggestellt ist, vergehen noch zwölf weitere Jahre. Die Mühen zeigen, dass der Antoninuswall die Funktion des Hadrianswalls übernehmen soll. Bei diesem nördlichen der beiden Li-

Die Stanegate bei Vindolana, dem bekanntesten Kastell der Region.

mesabschnitte fällt allerdings auf, dass Annäherungshindernisse wie Palisaden fast vollständig fehlen. Zumindest vorerst haben die römischen Armeen das Gebiet auch sicher unter Kontrolle.

Auf der anderen Seite ist der Antoninuswall nicht darauf ausgelegt, stellenweise und temporär aufflackernde Unruhen unter Kontrolle zu halten. Daher verlegt man einen Großteil der Truppen schon 160 n. Chr. wieder an den Hadrianswall. Endgültig gibt Rom den Antoninuswall 182 n. Chr. auf, nach nur 40 Jahren Besetzung. Möglicherweise besetzen römische Soldaten den nördlichen Wall neu, als sie 208 n. Chr. unter Septimius Severus (193–211 n. Chr.) wieder nördlich des Hadrianswalls vorstoßen.

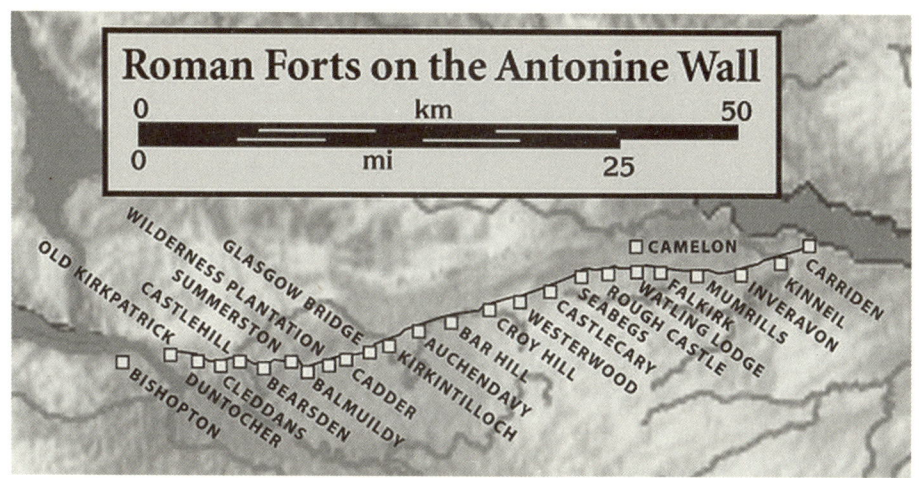

Die Kastelle am Antoniuswall.

Der Antoninuswall hat gegenüber dem Hadrianswall Vor- und Nachteile

Der entscheidende Vorteil des Antoninuswalls gegenüber dem Hadrianswall ist, dass er sich besser überwachen lässt. Er ist viel kürzer als sein Pendant im Süden und verfügt über ein dichteres Kastellnetz. Auf der anderen Seite ist die nördliche Befestigungsanlage wesentlich niedriger und nicht so massiv befestigt. Der Antoninuswall besteht hauptsächlich aus einem Damm von drei bis vier Metern Höhe und fünf Metern Breite. Dieser Damm ruht auf einem Steinfundament aus Rasenziegeln. Oben befindet sich ein Wehrgang mit hölzerner Brustwehr. Man vermutet wegen des Steinfundaments, dass der Wall ursprünglich in Stein ausgebaut werden soll, wie sein südlicher Vorgänger. Die Unruhen im Gebiet zwischen beiden Wällen scheinen das verhindert zu haben. Südlich des Antoninuswalls verläuft eine gut ausgebaute Straße, wohl ein Patrouillenweg.

An der Nordseite des Walls liegt in sechs bis neun Metern Entfernung ein Graben. Er ist im Schnitt zwölf Meter breit und 3,7 Meter tief. Die ausgehobene Erde ist an der Nordseite zu einem Damm aufgeschüttet. Die (kleinen) Kastelle liegen direkt am Antoninuswall. Im Abstand von je zwei römischen Meilen

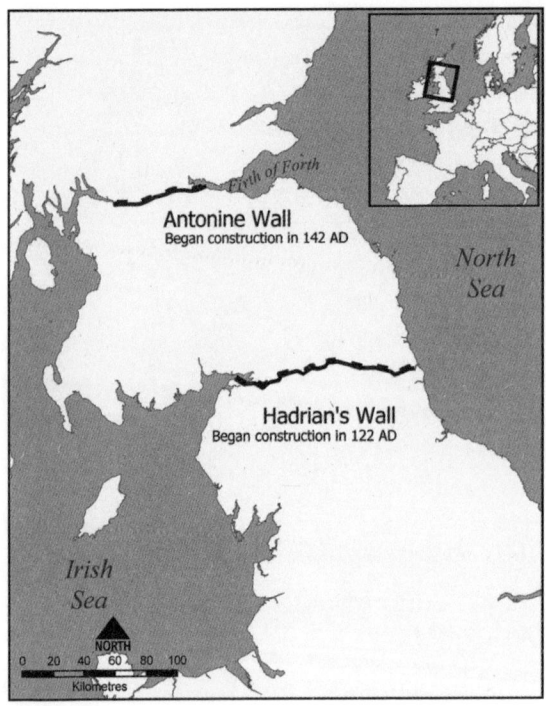

Antonine Wall
Began construction in 142 AD

North
Sea

Hadrian's Wall
Began construction in 122 AD

Irish
Sea

Der Antoninuswall soll ursprünglich den Hadrianswall ersetzen.

stehen insgesamt 27 Holz-Erde-Kastelle und Wachtürme. Das am besten erhaltene Kastell liegt bei Rough Castle. Das bekannteste Kleinkastell befindet sich bei Kinneil House, am östlichen Ende des Walls, nahe Bo'ness. Die Anmarschwege im Hinterland (Central Lowlands) sind ebenfalls durch Kastellketten gesichert.

Der Limes am »litus Saxonicum« (der Sachsenküste)

Die Anlagen am *litus Saxonicum* (der Sachsenküste) sind ein Limesabschnitt der Spätantike, nämlich vom 3. bis 5. Jahrhundert n. Chr. Britannien ist seit 212/123 n. Chr. durch Kaiser Caracalla (211–217 n. Chr.) aufgespalten in Nordengland bis zum Hadrianswall (*Britannia inferior*) und Südengland mit Wales (*Britannia superior*). Die Sachsenküste bezeichnet beide Seiten des Ärmelkanals. Das *litus Saxonicum* besteht zur Abwehr angelsächsischer Piraten und Plünderer. An beiden Küsten des Ärmelkanals stehen Wach- und Signaltürme, um das Meer zu kontrollieren und zu überwachen. Dazu treten Kastelle und befestigte Hafenstädte in Gallien. Die meisten der Kastelle an der Sachsenküste dienen wohl außerdem als Stützpunkte der Flotten. Die Kontrolle auf dem Meer selbst übernehmen die *classis Britannica* (stationiert in *Gesoriacum*, heutiges Boulogne-sur-Mer bei Calais) und die *classis Sambrica* (Hauptquartier *Locus Quartensis*, heutiges Port d'Etaples).

Der Antoninuswall beim Barr Hill (oben) und bei Falkirk (unten).

Der Leuchtturm (Pharos) des einstigen Portus Dubris *im heutigen Dover-Castle.*

Die »Claustra Alpium Iuliarum«

Claustra Alpium Iuliarum bedeutet »Sperre in den Julischen Alpen«. Die Julischen Alpen sind ein Gebirgsstock, der in den heutigen slowenischen Gebieten Ober- und Innerkrain und der italienische Region Friaul-Julisch Venetien liegt. Diese »Sperre« ist als Wallsystem gut 80 Kilometer lang und verläuft heute durch Österreich, Slowenien, Kroatien und Italien. Die Befestigungsanlagen sichern vom 3. bis zum 5. Jahrhundert das Kerngebiet des Imperium Romanum. Zum Wallsystem gehören Kastelle, Wachtürme und *burgi*. Diese Anlagen sollen vor allem die *via Gemina* sichern, die »Zwillingsstraße«, eine wichtige Verbindungsstraße zum Balkan. Als im 3. Jahrhundert n. Chr. die Angriffe der Barbaren auf das Reich zunehmen, lassen Diokletian und Konstantin I. bereits bestehende Sperrmauern massiv ausbauen und verstärken. Zentrum dieses Verteidigungssystems ist das Kastell von *Ad Pirum* im heutigen Südwestslowenien. *Ad Pirum* hat eine ständige Besatzung von 100 bis 500 Mann (Lithographie siehe S. 128).

Der Pannonische Limes

Der Limes in Pannonien gehört zu den Abschnitten an der Donau, mithin zum »nassen Limes«. Der *Limes Pannonicus* ist etwa 420 Kilometer lang und führt vom Kastell Klosterneuburg (bei Wien) bis nach *Singidunum* (Kastell Belgrad). Er besteht vom 1. bis zum 5. Jahrhundert n. Chr. Obwohl die Donau eine gut schützende Grenze ist, sind die Grenztruppen hier besonders gefordert. Die römische Militärpräsenz ist hier auch immer außergewöhnlich stark. (In Oberpannonien liegen drei Legionslager, in Unterpannonien nur eins.) Der Donaulimes gehört im europäischen Teil des Imperiums zu den unruhigsten Gebieten. Der größte Teil der Grenztruppen ist in Kleinkastellen, Wachtürmen, *burgi* und befestigten Brückenköpfen an der Donau stationiert. Als strategische Reserve dienen vier Legionslager: *Vindobona* (Wien), *Carnuntum* (Petronell-Carnuntum in Niederösterreich), *Brigetio* (Komárom/Komorn in Nordungarn)

Lithographie einer Rekonstruktion Ad Pirums aus dem 19. Jahrhundert.

und *Aquincum* (Budapest). Von diesen städtischen Militärzentren kommt Unterstützung, wenn die kleineren Einheiten direkt am Limes überfordert sind.

»Carnuntum« – blühende Metropole an der Donau

Der Blick auf Teilabschnitte des Limes verstellt manchmal den Blick auf das große Ganze. Der Donaulimes als ganzer vom bayerischen Kelheim bis zum Schwarzen Meer begrenzt das Römische Reich auf 2 400 Kilometern, einer kolossalen Strecke. Eine der Metropolen am Donaustrom ist *Carnuntum* (Petronell), etwas östlich von *Vindobona* (Wien). Hier ballen sich 50 000 Menschen. Für die germanischen Barbaren muss das bar jeder Vorstellung sein; am Nordufer der Donau zählt kein Dorf mehr als einige Hundert Einwohner. *Carnuntum* ist eine Stadt, die damals sogar die drei anderen Militärzentren an Pracht überbietet und selbst noch *Singidunum* (Belgrad) weiter donauabwärts. In der Garnison *Carnuntums* sind 10 000 Soldaten stationiert. Der Hafen ist ein wichtiger Stützpunkt der Donauflotte, der *classis Pannonica*.

In *Carnuntum* kreuzen sich auch die Handelsstraße nach *Aquileia* (heute Provinz Udine) an der Adria und die Ost-West-Route zwischen Augsburg und Budapest. Am meisten profitiert *Carnuntum* von der Bernsteinstraße, die vom ostpreußischen Samland über die Weichselmündung und die Mährische Pforte bis nach *Aquileia* führt. Bernstein ist in Rom heiß begehrt und erzielt Höchstpreise. Plinius der Ältere berichtet, ein kleines geschnitztes Bernsteinporträt sei so viel wert wie ein Sklave (Plinius der Ältere, 37, 48). Mit dem Bernstein entwickelt sich *Carnuntum* zu einem der prunkvollsten Schaufenster römischer Zivilisation. Die Pracht dieser Metropole muss Besucher aus dem Barbaricum beeindrucken und gleichzeitig einschüchtern.

In *Carnuntum* sind die Straßen gepflastert und von zahlreichen Fuhrwerken befahren. In den Arkaden reihen sich Garküchen und Geschäfte. Gasthöfe und Therme locken mit Annehmlichkeiten. Die römischen Tempel erheben sich mit hohen Vorhallen und marmornen Säulen. Von den Altären riecht man Weihrauch oder das Feuer eines Schafsopfers. Die Gebäude sind bunt und grell bemalt, in kräftigem Grün, Rot und Blau, ebenso wie die vielen Statuen von Kaisern und Konsuln. Die Villen *Carnuntums* sind zu vergleichen mit denen in Pompeji. Die Wände sind mit Fresken geschmückt, erwärmt durch Fußbodenheizungen und erleuchtet durch Öllampen (siehe Abbildung S. 130).

Brot, Spiele und Luxus – das Amphitheater »Carnuntums« und andere »Laster«

Sequens hiems saluberrimis consiliis adsumpta. namque ut homines dispersi ac rudes eoque in bella faciles quieti et otio per voluptates adsuescerent, hortari privatim, adiuvare publice, ut templa fora domos extruerent, laudando promptos, castigando segnes: ita honor et aemulatio pro necessitate erat. iam vero principum filios liberalibus artibus erudire, et ingenia Britannorum studiis Gallorum anteferre, ut, qui modo linguam Romanam abnuebant, eloquentiam concupiscerent. inde etiam habitus nostri honor et frequens toga; paulatimque discessum ad delenimenta vitiorum, porticus et balinea et conviviorum elegantiam. idque apud imperitos humanitas vocabatur, cum pars servitutis esset.

Restaurierter Säulengang (Portikus) im archäologischen Park Carnuntum.

(Der folgende Winter [78/79 n. Chr.] wurde zur Ausführung sehr heilsamer Pläne verwendet. Denn um die verstreut und primitiv lebenden Menschen, die infolgedessen zum Kriege leicht geneigt waren, durch Annehmlichkeiten an Ruhe und friedliches Verhalten zu gewöhnen, ermunterte er sie persönlich und unterstützte sie mit staatlichen Mitteln, Tempel, öffentliche Plätze und Häuser in der Stadt zu bauen, lobte die Eifrigen und tadelte die Säumigen; so trat Anerkennung und wetteiferndes Bemühen an die Stelle des Zwanges. Ferner ließ er die Söhne der Vornehmen in den freien Künsten bilden, wobei er der natürlichen Begabung der Britannier gegenüber dem Lerneifer der Gallier den Vorrang gab. So kam es, dass die Menschen, die eben noch die römische Sprache ablehnten, nun die römische Redekunst zu erlernen begehrten. Von da an fand auch unser Äußeres Beifall, und die Toga wurde häufig getragen; und allmählich gab man sich dem verweichlichenden Einfluss des Lasters bin: Säulenhallen, Bädern und erlesenen Gelagen. Und so etwas hieß bei den Ahnungslosen Lebenskultur, während es doch nur ein Bestandteil der Knechtschaft war.)
(Tacitus, *Agricola*, 21, 1 f.)

Tacitus erklärt hier u. a. eine geradezu tückische römische Strategie: Mache die Barbaren gefügig, indem du sie mit dem Luxus Roms verweichlichst. Die Romanisierung besteht aus etlichen Elementen, aus der Lehre des Lateinischen ebenso wie aus Annehmlichkeiten, von denen man sonst im Barbaricum nur träumen kann. Die primitiven, kriegslüsternen Barbaren sollen sich so an den römischen Luxus gewöhnen, dass sie ihn nicht mehr aufgeben wollen und friedlich werden. Die germanischen Dörfer nördlich der Donau haben wie erwähnt höchstens ein paar Hundert Einwohner. Allein das Amphitheater (II) *Carnuntums* fasst 13 000 Zuschauer (siehe Bildtafel nach S. 112). Dort finden Gladiatorenkämpfe, Wagenrennen, Tierhatzen und Bürgerversammlungen statt. Schon das Amphitheater (I) im benachbarten Militärlager bietet 8 000 Besuchern Platz. Hier üben die Legionäre vornehmlich an ihren Waffen, aber es gibt auch speziell für die Truppen arrangierte Spiele, Gladiatorenkämpfe und Schaujagden.

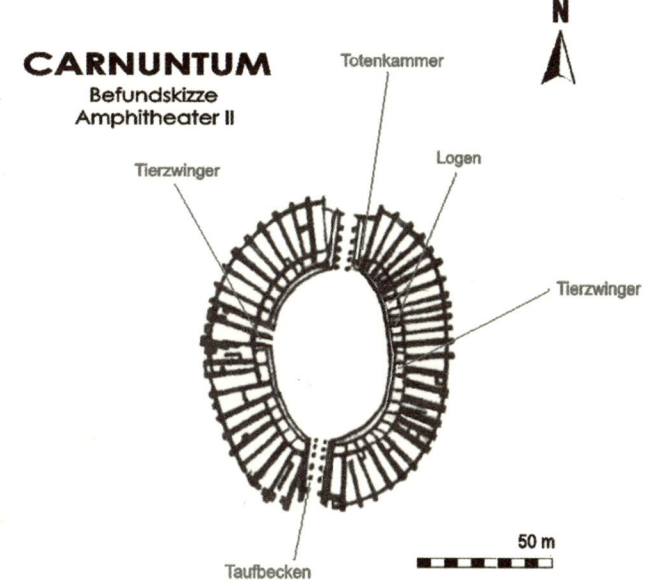

Befundskizze Amphitheater II.

Zur Abschreckung – das Militärlager »Carnuntum«

Et hae gentes, si vincantur hodie a populo Romano, servire se dicunt! ita est profecto: multis fortuna parcit in poenam

(Und diese Stämme sagen, ein Sieg des römischen Volkes über sie würde sie zu Sklaven machen! Wirklich – viele verschont das Schicksal nur, um sie zu strafen.)
(Plinius der Ältere, 16, 2)

Die römische Zivilisation zeigt sich nicht nur verlockend, sondern auch wehrhaft, überlegen und abschreckend. Die römische Sicht ist: Wenn die Germanen darauf verzichten, Teil des Imperiums zu werden, sind sie selbst schuld. Mit diesem Gestus der Auserwähltheit unter den Völkern wegen kultureller und militärischer Überlegenheit bewegen sich römische Truppen immer wieder völlig selbstverständlich nördlich der Donau. Die römische Einstellung ist nicht einmal aus der Luft gegriffen – Rom ist den Germanen lange Zeit wirklich kulturell und militärisch überlegen. Mit dieser Rechtfertigung dringen die römischen Truppen über Hunderte von Kilometern in die angestammten germanischen Gebiete ein. Ein beredtes Zeugnis davon legt das Schlachtfeld am Harzhorn (Landkreis Northeim, Niedersachsen) ab, das erst 2008 entdeckt wurde und Spuren aus der ersten Hälfte des 3. Jahrhunderts n. Chr. zeigt.

Das Imperium kontrolliert aber auch gern indirekt, gewissermaßen eleganter als durch eigenes Eindringen: Rom verfügt über ein Netz aus Spähern, Handelsposten und befreundeten Stämmen. Sie liefern Informationen aus dem Barbaricum. Das Römische Reich kann so die Machtverhältnisse bei den germanischen Stämmen einschätzen und die mächtigen Stammesfürsten mit Geschenken gewogen machen. Solche germanischen Anführer erhalten oft ganze Häuser im mediterranen Stil, die römische Handwerker in den Dörfern errichten. Zum Haushalt zählen silbernes Tafelgeschirr, Weinkrüge, Bronzegefäße und römisches Glas. Diese Utensilien begleiten die Stammesfürsten bis in ihr Grab.

Die Schaufenster Roms können Barbaren auch zum Einfall einladen

Langfristig geht die von Tacitus beschriebene Strategie der Verweichlichung für Rom nicht auf. Das liegt zum einen daran, dass sich die Germanen zu stärkeren Stammes- und Heeresverbänden zusammenschließen. Zum anderen sind die römischen »Schaufenster« wie *Carnuntum* auch ein Anreiz für den Eroberungs-willen der Barbaren. Die erstarkenden Germanen wollen es nicht mehr hinneh-men, ihr Leben als arme Verwandte im Hinterhof der verlockenden römischen Welt zu verbringen, Limes hin oder her. Der Blick auf die Pracht Roms mag auf die Germanen irgendwann wirken wie europäische Fernsehprogramme auf potenzielle afrikanische Auswanderer – *Carnuntum* verspricht ein reiches Land hinter der Grenze (siehe Bildtafel nach S. 112 [Modell des Legionslagers]).

In diesem Sinne erscheinen 166 n. Chr. Abgesandte von zehn germanischen Stämmen in *Carnuntum*. Sie klagen dem Statthalter, die Winter würden immer kälter, die Ernten immer schlechter, und andere Stämme drängten von Norden in ihr Gebiet. Daher ersuchen die Gesandten den Kaiser in Rom, den Stämmen Aufnahme ins Imperium zu gewähren. Mark Aurel lehnt das Ersuchen ab. Rom sieht sich außerstande, ganze Völkerscharen zu integrieren. Diese Entscheidung bedeutet Krieg. Nun überqueren 6 000 langobardische Krieger die Donau und plündern die römischen Grenzstädte.

Der Dakische Limes

Der Dakische Limes besteht vom 2. bis zum 3. Jahrhundert n. Chr. und liegt fast komplett im heutigen Rumänien. Die topographischen Besonderheiten der Provinz (transsilvanisches/siebenbürgisches Hochplateau) führen dazu, dass sich der Limes hier als komplexes System entwickelt, bei dem mehrere Elemente ineinandergreifen. Auch wenn Rom sonst nicht gerade große Rücksicht auf die natürlichen Gegebenheiten nimmt, wenn es seine Verteidigungslinien errichtet – in Dakien ist dies unumgänglich. Im transsilvanischen Hochland stehen die Kastelle direkt am Rand der Karpaten und sichern die Passübergänge. Damit bilden sie fast einen geschlossenen Kreis. Dieser wird zusätzlich von einer Festungskette im Rücken der Kastelle gedeckt, entlang der Hauptmarschrouten zu den Karpatenpässen.

Im Zentrum Dakiens stehen zwei Legionslager, in der Nähe von wichtigen Gold- und Silberbergwerken. Im Südwesten des transsilvanischen Hochlandes stehen Kastelle und Wachtürme an wichtigen Straßen oder an Ufern. Im Südosten liegt ein 235 Kilometer langer Erdwall, an dem ebenfalls Kastelle und Wachtürme stehen. Es ist anzunehmen, dass jede der drei Provinzen *Dacia Inferior, Dacia Superior* und *Dacia Porolissensis* über eine eigene Militärorganisation/ ein eigenes Heer verfügt. Daher rührt wohl auch die komplizierte Verteilung der Festungsanlagen und Truppen. Als gesamte Region ist Dakien im 2./3. Jahrhundert n. Chr. eine vorgeschobene Bastion des Imperiums im Barbaricum.

Der Dakische Limes schützt als Brückenkopf auch die benachbarten Provinzen. Im Kriegsfall ermöglicht er Flankenangriffe und Umfassungsbewegungen gegen Feinde, die nördlich der Donau aufmarschieren. Die römische Militärpräsenz in Dakien ist beträchtlich. Schließlich gelingt es den römischen Truppen jedoch nicht mehr, die Karpatenregion gegen die ständigen Barbareneinfälle aus dem Nordosten zu sichern. Daher zieht Rom seine Armeen 275 n. Chr. unter Aurelian (270–275 n. Chr.) aus Dakien ab, das wegen seiner reichen Bodenschätze heiß begehrt ist. Die Einheiten des *Exercitus Dacius* räumen die Hilfstruppenkastelle und die Legionslager in *Apulum* (Alba Iulia) und *Potaissa* (Turda).

Der Moesische Limes

Der *Limes Moesicus* liegt im heutigen Serbien und Bulgarien und besteht vom 1. bis zum 7. Jahrhundert n. Chr. Er erstreckt sich von *Singidunum* (Belgrad) bis zur Mündung der Donau in das Schwarze Meer. Er ist ein weiterer »nasser Limes«, der von acht Legionslagern, etlichen Auxiliartruppen-Kastellen und Wach-/Signaltürmen gesichert ist. Das bekannteste Bauwerk des Moesischen Limes ist die Trajansbrücke bei Drobeta Turnu Severin in Südwestrumänien. Sie wird im frühen 2. Jahrhundert n. Chr. erbaut und ist die erste dauerhafte Brückenverbindung über die untere Donau. Sie wird an beiden Ufern der Donau von Kastellen bewacht.

Rekonstruktion der Trajansbrücke über die untere Donau (Zeichnung von 1907).

Als Rom die dakischen Provinzen einrichtet, gibt man viele der Donaukastelle entweder auf oder überlässt sie Zivilisten. Bis Ende des 2. Jahrhunderts n. Chr. legt Rom wohl den ganzen obermoesischen Limes in *Moesia Superior* still. Diesen Abschnitt aktiviert man erst wieder teilweise unter Septimius Severus (193–211 n. Chr.). Als Aurelian Dakien im späten 3. Jahrhundert aufgibt, wird die ganze mittlere Donau wieder Reichsgrenze. Diokletian (284–305 n. Chr.) und Konstantin I. (306–337 n. Chr.) teilen den obermoesischen Limes in zwei Überwachungssektoren, von Djerdap (östlich von Belgrad) aus gesehen – stromaufwärts: *pars superior* (*Singidunum*/Belgrad – *Viminatium*/Stari Kostalc) und stromabwärts: *pars citerior* (Eisernes Tor).

Von Diokletian bis zum späten 4. Jahrhundert n. Chr. renoviert man noch einmal umfangreich Kastelle und verstärkt das Donauufer mit massiveren und größeren *burgi* und *quadriburgi* (Kleinkastellen mit vier runden Ecktürmen). Nach der Niederlage des Römischen Reiches gegen die Goten in der Schlacht von Adrianopel (378 n. Chr.) löst sich das klassische Limessystem endgültig auf. Die hunnische Invasion 441–444 n. Chr. zerstört die meisten moesischen Kastelle. Sie bleiben für fast ein Jahrhundert verlassen, bis Justinian (527–565 n. Chr.) sie teilweise wieder notdürftig instand setzt und bemannt. Als die Awaren die

Donauregion im frühen 7. Jahrhundert erobern, lösen sich auch die letzten Reste des Limes an der mittleren und unteren Donau auf.

Der Pontische und Armenische Limes

Der *Limes Ponticus* trägt seinen Namen nach dem Schwarzen Meer (*Pontus Euxinus*) und der Provinz *Bithynia et Pontus* im nordwestlichen Kleinasien, die seit 64 v. Chr. zu Rom gehört. Der Limesabschnitt erstreckt sich außerdem auf die Provinzen *Cappadocia* (siehe Karte S. 138) und *Armenia* und liegt heute in der Türkei und in Armenien. Er besteht vom 1. bis zum 7. Jahrhundert. Hier überwachen Stützpunkte und befestigte Hafenstädte die Küsten des Schwarzen Meeres. Zwei Flottenverbände sichern die Schifffahrtsrouten und versorgen den Küstenschutz. Das sind die *classis Mosesica* und die *classis Pontica* mit Hauptquartier in Trapezus. In Satala und Melitene sind zwei Legionen stationiert, sonst die üblichen Auxiliareinheiten.

In *Armenia* treffen Römer und Parther aufeinander. Als Pufferstaat ist Armenien ein ständiger Zankapfel zwischen dem Imperium Romanum und dem Reich der Parther, heiß begehrt wegen seiner geostrategisch zentralen Lage. Armenien wird nur für kurze Zeit zur Grenzprovinz Roms, zwischen 115 und 118 n. Chr. Die Region bleibt in der gesamten Spätantike ein Konfliktherd zwischen Rom und den Sassaniden, den Nachfolgern der Parther. Folglich ist der Limes durch zahlreiche Festungen gesichert. Justinian unterstellt das römische Armenien im 6. Jahrhundert n. Chr. dem Oberbefehl eines eigenen *magister militum per Armeniam* mit eigener Heeresgruppe. Daran ist zu sehen, welche militärische Bedeutung die Region hat.

Der Orientalische Limes

Die Feinde sind beim *Limes Orientalis/Limes Arabicus* primär die gleichen wie am Pontischen Limes: die Parther und später die Sassaniden. Die Grenzanlagen hier verlaufen über 1 500 Kilometer vom Norden Syriens bis zum Süden Palästinas. Der Limes bedeutet in diesem Abschnitt eine Sicherung der Grenze durch

Der Pontische Limes im 5. Jahrhundert n. Chr.

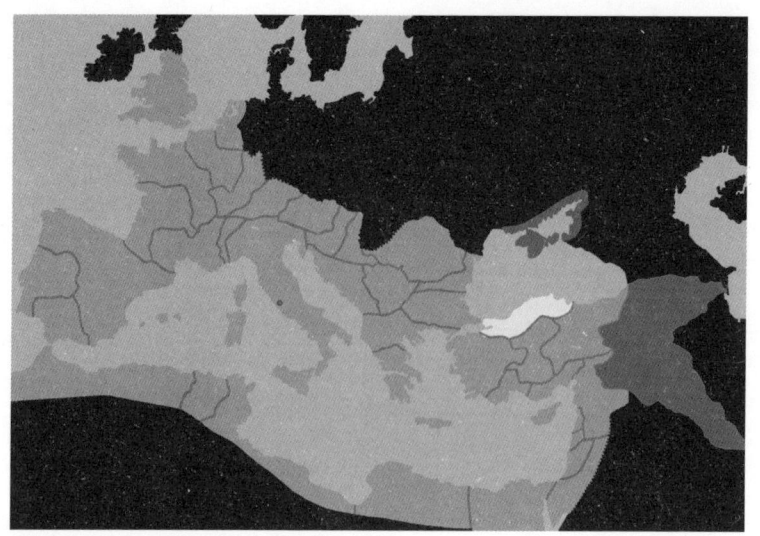

Die Provinz Bithynia et Pontus.

Die Provinz Cappadocia.

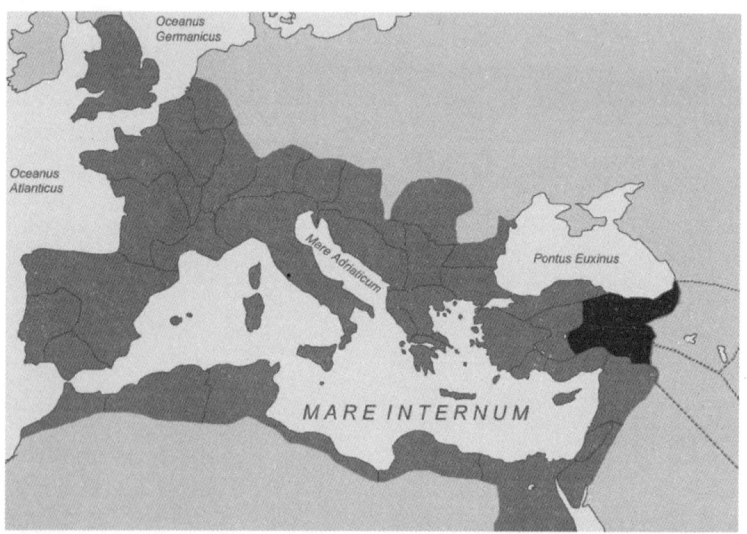

Kommagene ist im 1. Jahrhundert v. Chr. ein Vasallenkönigreich Armeniens.

Einzelkastelle, nicht mit einer durchgehenden Befestigung. Der Orientalische Limes existiert vom 1. bis zum 7. Jahrhundert n. Chr. Er durchläuft die antiken Provinzen *Mesopotamia*, *Osrhoene*, *Syria*, *Arabia* und *Judäa* (ab 135 n. Chr. *Palästina*). Heute liegt er auf dem Gebiet Syriens, des Iraks, der Südosttürkei, Jordaniens und Israels.

Der *Limes Orientalis* liegt hauptsächlich an den Strömen Euphrat und Tigris und am Fluss Chaboras. Eine durchgehende Mauer oder einen Wall kennt er nicht. Von den Steppen Mesopotamiens bis zum Roten Meer zieht sich eine Linie aus stark befestigten Städten und Kastellen, die sonst ähnlich wie in Nordafrika weitgehend offen ist. Der Limes führt entlang dem Übergang von fruchtbarem Land zur Wüste. In der Region sind fünf Legionen stationiert, in Samosata (Südtürkei), Zeugma (ebenfalls Südtürkei), Raphaneia (Syrien), Bosra (Syrien an der Grenze zu Jordanien) und Jerusalem (Israel). Die Auxiliartruppen bestehen aus besonders vielen gepanzerten Reitereinheiten (Kataphrakten). Diese Armeen erhalten im Notfall noch Verstärkung aus Ägypten.

Patrouillen auf Kamelen

Die *classis Syrica* kontrolliert hier die Mittelmeerküste, mit Hauptquartier in *Seleucia Pieria*, heute Samandag in der Türkei an der Grenze zu Syrien. Sie und die Flotten an Euphrat und Tigris sollen militärische Präsenz zeigen und die fruchtbaren Gebiete, Furten, Brücken, Wasserstellen und Karawanenrouten überwachen. Solche wichtigen Stellen sind gleichzeitig von Kastellen oder Wachtürmen flankiert. Ähnlich wie an Rhein und Donau dringen die Römer am *Limes Orientalis* auf Patrouillen in unkontrollierte Gebiete bis ins heutige Saudi-Arabien vor, hier allerdings als Kamelreiter-Trupps.

In Nordsyrien sichert Rom das Vorfeld von Kommagene aus (siehe Karte S. 139), außerdem durch die Oasenstadt Palmyra und die Festungsstadt Dura Europos. Die Grenzanlagen in den Randgebieten der Wüsten von Syrien und Arabien sollen zusätzlich die sesshaften Ackerbauern vor den Überfällen räuberischer Nomaden schützen, abgesehen von der Aufgabe, eine Invasion durch Parther/Sassaniden zu melden. Für die Infrastruktur ist das bewährte römische Straßennetz besonders wichtig. Die Heerstraßen sind ebenfalls von Ketten aus Wachtürmen und Kastellen gesichert.

Judäa – für Rom ein »schwieriges Pflaster«

Der *Limes Arabicus* zieht sich an einer Heerstraße entlang, die Trajan errichten lässt. Sie führt von Bosra zum Hafen von Akaba (Südosten Jordaniens, Golf von

Eilat/Akaba) und über Gerasa (Norden Jordaniens) nach Petra (heute eine verlassene Felsenstadt in Jordanien unweit der Grenze zu Israel). Um 290 n. Chr. errichtet Rom die *strata Diocletiana* von Damaskus über Soura nach Palmyra. Sie ist eine gut ausgebaute Militärstraße, die durch eine lange Kette von Wachtürmen und Kastellen geschützt ist und die wichtigsten Grenzfestungen verbindet.

Zu Judäa schreibt Philip Matyszak, gerichtet an potenzielle Legionäre:

>»Das jüdische Volk genießt schließlich auch den Vorteil, dem Römischen Reich anzugehören, nur sieht es das selber nicht ganz so. Die stolzen, sturen Leute aus Judäa, vor zwei Generationen als Provinz annektiert [gesehen vom Jahr 100 n. Chr. aus, Anm. d. Autors], zeigten ihre Dankbarkeit im Jahr 66 n. Chr. mit einer Rebellion, die das Gros der XII. Legion in Beth Horon auslöschte und zu allem Unglück auch noch deren Adler eroberte.«
> (Matyszak, S. 109)

Auch der Diasporaaufstand (115–117 n. Chr.) und der Bar-Kochba-Aufstand (132–135 n. Chr.) führen dazu, dass man Judäa in Rom als »schwieriges Pflaster« ansieht. Daher ist seit den Aufständen ständig eine Legion in Judäa stationiert, die vor allem die einheimische Bevölkerung überwacht (le Bohec, S. 195 f.).

Der Aegyptische Limes

Aegyptus ist von 30 v. Chr. bis zur islamischen Expansion 642 n. Chr. eine Provinz des Römischen/Byzantinischen Reiches. Sie gilt als Kornkammer des Imperiums und nimmt wegen ihres großen Reichtums eine Sonderstellung unter den Provinzen ein. Diese Sonderstellung gilt auch in Bezug auf den Limes, der vom 1. bis zum 7. Jahrhundert n. Chr. besteht, und beruht auf der topographischen Gegebenheiten: dem Nil und der Wüste hinter dem grünen Nilstreifen. Daher folgen die Befestigungen keiner Ost-West-Linie, die den Norden vor den Barbarenvölkern des Südens schützt.

Stattdessen reihen sich die römischen Militärlager in Nord-Süd-Richtung entlang des Nilstroms oder sichern Beobachtungsposten am Rand der Wüste

Die römische Provinz Creta et Cyrene.

und die Oasen an den wichtigen Karawanenrouten (le Bohec, S. 197 f.). Die Besatzungstruppen sind ansonsten hauptsächlich in einem Militärlager bei *Nikopolis* (bei Alexandria) konzentriert. Sie sollen vor allem die Verschiffung von Getreide nach Rom sicherstellen. Aus drei Besatzungslegionen unter Augustus wird nur noch eine ab Trajans Regierungszeit, nebst Hilfstruppen und Flotte (*classis Alexandrina* in Alexandria).

Der Tripolitanische Limes

An den Namen dieses Abschnitts erinnern heute noch die libysche Hauptstadt Tripolis und die libysche Großprovinz Tripolitanien. Der *Limes Tripolitanus* liegt in der römischen Provinz *Cyrenaika*, heute die Staatsgebiete Libyens und Tunesiens. Er existiert vom 1. bis zum 7. Jahrhundert n. Chr. und führt vom *Tritonis Lacus* (Tritonsee) in Südtunesien bis *Leptis Magna*, nahe dem heutigen al-Chums/Homs in Nordwestlibyen. Die Grenzanlagen bestehen hauptsächlich aus Sperrmauern (*clausurae*) und Kleinkastellen, außerdem aus Zollstationen, die den Handels- und Reiseverkehr überwachen und kanalisieren. Die hier stationierten Truppen sichern vorwiegend das fruchtbare Hochland in der Nähe der Mittelmeerküste und die Städte Kyrene, Ptolemais, Apollonia, Taucheira und Euhesperides (als Allianz die *Pentapolis*).

Die Besatzungen sollen auch die Romanisierung in der *Cyrenaika* weiter fördern und intensivieren. Damit markieren die Grenzanlagen hier auch eine Trennung von zwei Kulturen und Wirtschaftsräumen. Septimus Severus baut den *Limes Tripolitanus* im ersten Jahrzehnt des 3. Jahrhunderts n. Chr. weiter aus. Jetzt erstreckt sich die Befestigungskette von Ghadames, einer Oasenstadt im äußersten Westen Libyens, bis nach Bu Njem im Norden (siehe Foto S. 84). Sie besteht vorwiegend aus Kastellen und einzelnen Wach- und Beobachtungstürmen. Zudem gründet man Wehrdörfer und befestigte Bauernhöfe (*centenaria*) gegen kleinere Überfälle von Nomaden. In dieser Region sind ausschließlich Auxiliartruppen stationiert. Bei Bedarf holt man Legionen aus den benachbarten Provinzen. Die Flotte an der Mittelmeerküste ist (neben der *classis Alexandrina* aus *Aegyptus*) die *classis nova Libyca* mit Hauptstützpunkt in Ptolemais/Toqra.

Der »Afrikanische« und der Numidische Limes

»Wer in Afrika einen verschlafenen Hinterhof des Imperiums vermutet, darf sich auf einen Schock gefasst machen. Die Gegend steckt mitten im Aufschwung, ganze Städte schießen hinter dem *limes* – der halb militärischen, halb administrativen Trennlinie zwischen Rom und dem Berbergebiet – frisch aus dem Boden. Ein Legionär der afrikanischen Armee muss heutzutage mit dem Meißel so gut umgehen können wie mit dem *gladius*, denn neue Straßen und Kastelle entstehen auf der fruchtbaren afrikanischen Küstenebene von den Säulen des Herakles bis nach Mauretanien und Numidien.«

So schreibt Philip Matyszak (S. 113), der sich wie gesagt in die Lage eines Legionärs-Anwerbers um 100 n. Chr. versetzt.

Rom schützt seinen Reichtum

An dieser Stelle geht es um den Limes in den Provinzen *Africa Proconsularis* und *Numidia*. Heute ist das das Staatsgebiet von Libyen, Tunesien und Algerien. Dieser Abschnitt besteht vom 1. bis zum 5. Jahrhundert n. Chr. Die römischen Armeen schützen hauptsächlich die landwirtschaftlich ertragreichen Zonen und deren Randgebiete. Denn nach *Aegyptus* sind *Africa Proconsularis* und *Numidia* die bevölkerungsreichsten und wohlhabendsten Provinzen im römischen Nordafrika. Und ebenso wie *Aegyptus* tragen sie maßgeblich zur Getreideversorgung Roms bei.

In Tunesien und Algerien lassen sich durchgängige Sperrmauern nachweisen. Südlich des Aurès-Gebirges (Nordosten Algeriens) erstreckt sich ein fast 300 Kilometer langes Wall- und Grabensystem (Seguia bent el-Krass), das allerdings nicht zusammenhängend ist. Römische Kastelle überwachen dieses *fossatum Africae* (siehe Karte S. 43). Es stammt aus dem 2. Jahrhundert n. Chr., endet im Süden am Fluss Djedi und ist mit Wachtürmen, einem vorgelagerten Graben und Kastellen versehen, die durch das bewährte römische Straßennetz miteinander verbunden sind.

Das »fossatum Africae« erinnert in Teilen an den Hadrianswall

Die Form der Gräben des *fossatum Africae* erinnert an Pendants über 4 000 Kilometer weiter nördlich, am Hadrianswall. Das *fossatum* hat eine anspruchsvolle Aufgabe zu erfüllen: Nirgendwo sonst im Imperium ist das römische Militär darauf angewiesen, dass alle Waffengattungen so umstandslos zusammenarbeiten (Matyszak, S. 115). Die Berber sind ausgezeichnete Reiter, was gerade die römische Kavallerie fordert. Die Stammeskrieger jenseits des *limes* sind eine ständige Herausforderung für Rom. Septimus Severus lässt Anfang des 3. Jahrhunderts n. Chr. neben dem *Limes Tripolitanus* auch den Numidischen Limes ausbauen. Damit will er die Aurès-Berge vollständig kontrollieren und die nomadisierenden Berber unterwerfen.

Außerdem finden sich römische Kastelle an der Grenzzone zur Sahara, an den Karawanenrouten und im Norden der Provinz. Einige Vorposten sind gar bis in die Wüste vorgeschoben, wie Messad (rund 290 Kilometer südlich von Algier) und Ghadames (die o. g. Oasenstadt im Westen Libyens, ca. 600 Kilometer südwestlich von Tripolis). Der einzige Legionsstandort in dieser Region ist Lambaesis im Nordosten Algeriens (Foto siehe S. 146). An der Küste dieser Region tritt für die Kontrolle der Mittelmeerküste die *classis Mauretanica* hinzu.

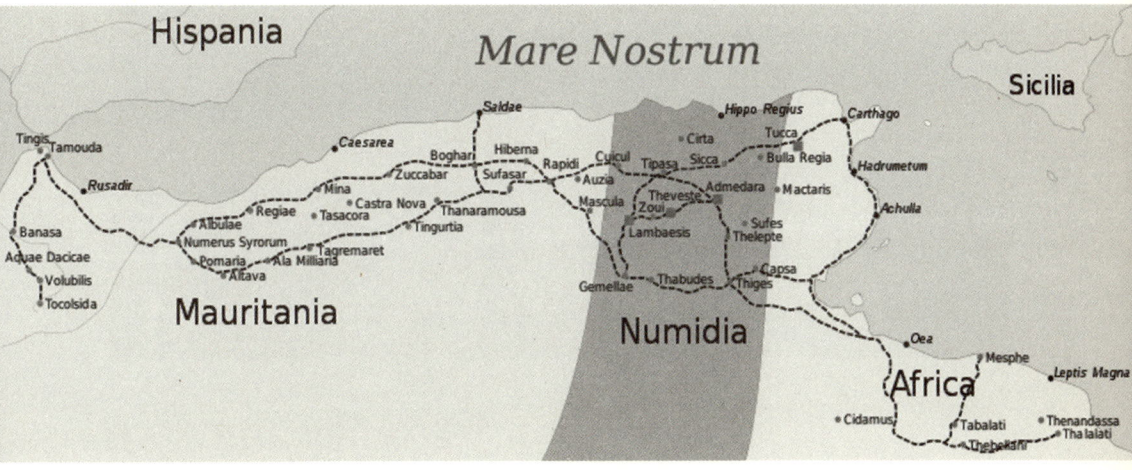

Von West nach Ost: Africa, Numidia *und* Mauretania.

Der Limes Mauritaniae

Der *Limes Mauritaniae* ist der westlichste Abschnitt des nordafrikanischen Limes, der insgesamt rund 4 000 Kilometer lang ist. Mit dem Atlantik stößt der Limes hier an eine Grenze, die nicht einmal das Imperium Romanum überwindet. Heute gehört dieser Teil zu Algerien und Marokko. Die antiken Provinzen sind *Mauretania Caesariensis* und *Mauretania Tingitana*. Hier besteht dieser Limesabschnitt vom 1. bis zum 5. Jahrhundert n. Chr. Auch in dieser Gegend Nordafrikas soll eine Kastellkette (neben der Markierung der Reichs-

Legionslager von Lambaesis: Reste des Torbaus der principia.

grenze) die Wanderungen der Nomaden kontrollieren und kanalisieren, ihre Aktivität überwachen und melden und als Zollgrenze dienen.

Vorrangig ist der Schutz der Küstengebiete, weil sie wirtschaftlich attraktiv sind. In *Mauretania Caesariensis* liegen die meisten Kastelle daher an der großen Ost-West-Küstenstraße. Septimus Severus lässt allerdings auch eine Kastellkette entlang einer Straße in Nord-Süd-Richtung errichten. Die meisten Lager in *Mauretania Tingitana* gruppieren sich um die Provinzmetropole *Volubilis*, dem heutigen Walili. Diese archäologische Stätte (Präfektur von Meknès, Marokko) zeigt heute die am besten erhaltenen Monumente aus der römischen Antike in diesem Teil Nordafrikas (siehe Bildtafel nach S. 112 [Panorama]). Sie ist seit 1997 als UNESCO-Weltkulturerbe anerkannt. Um *Volubilis* und *Cherchel* (Nordküste Algeriens) sind auch die Auxiliarkohorten in den mauretanischen Provinzen stationiert.

Die Ruinen von Volubilis.

Wie auch sonst im Imperium gilt in *Mauretania*: Die Barbaren sind zahlen-
mäßig überlegen, und Rom muss seine Unterlegenheit durch handwerkliche
Fähigkeiten und Technik ausgleichen. Schon wegen der erheblichen Entfernung vom Atlantik bis zur Ostgrenze der Provinz *Caesariensis* ist der Limes in
Mauretanien kein durchgehend befestigter Grenzwall. Er besteht vielmehr aus
Sperranlagen (*clausurae*) in den Tälern des Atlas und aus Gräben (*fossata*), Wällen
und einer Reihe von Wachtürmen und Kastellen. Auch hier bewährt sich wieder das bekannte römische Straßennetz, das die Anlagen verbindet.

Schlusswort: Und heute?

Teile des Limes gehören bereits zum Weltkulturerbe. Aber warum? Was sagt uns eine fast 2 000 Jahre alte Grenzanlage heute? Wie interpretieren wir sie? Warum verfolgt man heute ein Projekt mit dem Titel »Grenzen des Römischen Reiches«? Und wie verstehen wir Deutsche »unseren« Limes? Es ist ja interessant festzustellen, dass sich der Obergermanisch-Rätische Limes ebenso als Weltkulturerbe bezeichnen kann wie der Hadrianswall, der Antoninuswall oder gar die Chinesische Mauer – aber was bedeutet er für unser heutiges Verständnis von Grenzen?

Der Limes lässt sich nicht auf ein kurzes Schlagwort reduzieren, was seine Entstehung und seine Funktion betrifft. Er war nicht bloß ein »Grenzwall gegen die Barbaren«, auch keine reine Demarkationslinie oder überwachte Zollgrenze. Neutral gesprochen ist er eine Komposition aus Türmen, Mauern, Gräben und Wällen, die im 2. Jahrhundert n. Chr. fast die gesamte Festlandgrenze des Imperium Romanum kennzeichnet. Daher reichen für die Limites auch keine Pauschalbegriffe wie »Grenzbefestigungen« oder »Wallanlagen«.

Unser Verständnis von Grenzen ist immer noch vom Gedanken der Nation geprägt. Gerade die deutsche Geschichte ist stark von Grenzen beeinflusst. Besonders markant ist dabei der »antikapitalistische Schutzwall« der DDR. Allerdings hat diese Art von Grenze kaum etwas mit dem Limes zu tun. Wenn der Limes als Weltkulturerbe einen Sinn ergeben soll, dann verbietet es sich, ihn als imperialen Gartenzaun gegen »Barbaren« zu betrachten. Vielmehr geht es um eine kulturprägende Idee von Raum und Identität.

Der vernünftige Umgang mit Grenzen schafft weder Ausgrenzung noch Ignoranz, sondern akzeptiert Freiheiten und Vielfalt. Dafür sind keine Grenzbefestigungen mit Bollwerken nötig oder auch nur erwünscht. Es geht stattdessen um Grenzen, die offen sind, Identität stiften und vor Beliebigkeit schützen. In einer vermeintlich grenzenlosen Welt scheint es für Staaten und Menschen immer notwendiger zu werden, eine Identität zu finden, die auch Abgrenzung benötigt.

November 2013 in Wien: Demonstranten fordern, die Grenzen dichtzumachen.

Die Geschichte des Limes stellt uns auch für die Gegenwart Fragen und weist uns darauf hin, welche Gefahren die Verkrustung einer Kultur birgt: Steckt im Beginn des Limes bereits das Ende des Imperiums? Hat dieses mit dem Limes seine Integrationskraft verloren? Und wie gehen wir heute um mit Abschottung? Ist die »Festung Europa« ein bereits dem Untergang geweihter moderner Limes?

Museen und Besichtigungsorte

1. Seit Februar 2005 besteht der Verband der *Limes-Cicerones*. Seine Mitglieder sind als qualifizierte Gästeführer am Obergermanisch-Rätischen Limes tätig. Die Gründung erfolgte mit Unterstützung der Deutschen Limeskommission und des baden-württembergischen Landesamtes für Denkmalpflege. Unter der Internetadresse http://www.limes-cicerone.de/ lassen sich u. a. Angebote für öffentliche Termine und die einzelnen *Cicerones* nachsehen. *Verband der Limes Cicerones e. V., Geschäftsstelle, Hauptstraße 3, 74535 Mainhardt, Tel.: 07903 940256, info@limes-cicerones.de*

2. Saalburg: Der archäologische Park und das Museum des Römerkastells Saalburg sind auf http://www.saalburgmuseum.de/ zu finden. *Römerkastell Saalburg – Archäologischer Park, Am Römerkastell 1, 61350 Bad Homburg, Tel.: 06175 9374-0, info@saalburgmuseum.de*

3. Das Aalener Limesmuseum hat die selbstbewusste Internetadresse http://www.limesmuseum.de/. *Limesmuseum Aalen, St.-Johann-Straße 5, 73430 Aalen, Tel.: 07361 528287-0, limesmuseum@aalen.de*

4. Das Kastell Eining/Abusina findet sich unter http://www.museum.de/museen/kastell-abusina-1 oder http://www.tourismus-landkreis-kelheim.de/Media/Attraktionen/Roemerkastell-Abusina. *Römerkastell Abusina, Abusinastraße 16, 93333 Neustadt an der Donau – Eining, Tel.: 09445 9575-0 (Tourist-Information Bad Gögging), tourismus@bad-goegging.de.*

5. Der archäologische Park Carnuntum hat die aufwendige Homepage http://www.carnuntum.co.at. *Archäologischer Park Carnuntum, A–2404 Petronell-Carnuntum, Hauptstraße 1a, Tel.: 0043 (0)2163/3377-0, info@carnuntum.co.at*

Literatur

Ammianus Marcellinus: *Das römische Weltreich vor dem Untergang*, übersetzt von Otto Veh, eingeleitet und erläutert von Gerhard Wirth, Artemis & Winkler, München/Zürich 1974

Appian: *Römische Geschichte: Die römische Reichsbildung*, Anton Hiersemann Verlag, Stuttgart 1987

Archäologisches Landesmuseum Baden-Württemberg (Hg.): *Imperium Romanum. Roms Provinzen an Neckar, Rhein und Donau*, Theiss-Verlag, Esslingen 2005

Baatz, Dietwulf: *Der Römische Limes. Archäologische Ausflüge zwischen Rhein und Donau*, Gebr. Mann Verlag, Berlin 2000

Baatz, Dietwulf: »Die Saalburg – ein Limeskastell 80 Jahre nach der Rekonstruktion«. In: Günter Ulbert und Gerhard Weber: *Konservierte Geschichte? Antike Bauten und ihre Erhaltung*, Theiss-Verlag, Stuttgart 1996

le Bohec, Yann: *Die römische Armee*, Nikol Verlag, Hamburg 2009

Eugippius: *Vita Sancti Severini*, Philipp Reclam jun. Verlag, Ditzingen 1999

Fehr, Hubert/Rummel, Philipp von: *Die Völkerwanderung*, Theiss-Verlag, Stuttgart 2011

Graf, Fritz/Beard, Mary: *Einleitung in die lateinische Philologie*, Walter de Gruyter, Berlin 1997

Heather, Peter: *Der Untergang des Römischen Weltreiches*, Rowohlt Verlag, Reinbek 2010

James, Simon: *Rom und das Schwert. Wie Krieger und Waffen die römische Geschichte prägten*, Verlag Philipp von Zabern, Darmstadt 2013

Junkelmann, Marcus: *Die Reiter Roms. Teil II: Der militärische Einsatz*, Verlag Philipp von Zabern, Darmstadt 2008

Krüger, Bruno, und Autorenkollektiv: *Die Germanen. Geschichte und Kultur der germanischen Stämme in Mitteleuropa*, Bd. 2, Akademie Verlag, Berlin 1983

Kuhnen, Hans-Peter: *Gestürmt – Geräumt – Vergessen? Der Limesfall und das Ende der Römerherrschaft in Südwestdeutschland*, Theiss-Verlag, Stuttgart 1997

Lippold, Adolf (Hg.): *Die Historia Augusta*, Franz Steiner Verlag, Stuttgart 1998

Lovell, Julia: *Die große Mauer. China gegen den Rest der Welt. 1000 v. Chr. – 2000 n. Chr.*, Theiss-Verlag, Stuttgart 2007

Matyszak, Philip: *Legionär in der römischen Armee,* Primus Verlag, Darmstadt 2012

Mommsen, Theodor: *Römische Geschichte*, Bd. 2, Wissenschaftliche Buchgesellschaft, Darmstadt 2010

Moschek, Wolfgang: *Der Limes. Grenze des Imperium Romanum*, Primus Verlag, Darmstadt 2010

Moschek, Wolfgang: *Der Römische Limes: Eine Kultur- und Mentalitätsgeschichte*, Kartoffeldruck-Verlag, Speyer 2011

Nuber, Hans Ulrich: »Staatskrise im 3. Jahrhundert«. In: Archäologisches Landesmuseum Baden-Württemberg (Hg.): *Imperium Romanum. Roms Provinzen an Neckar, Rhein und Donau,* Theiss-Verlag, Esslingen 2005

Ovid: *Fasti/Der römische Festkalender,* Philipp Reclam jun. Verlag, Ditzingen 2014

Planck, Dieter/Thiel, Andreas: *Das Limes-Lexikon: Roms Grenzen von A bis Z,* Verlag C. H. Beck, München 2009

Plinius der Ältere: *Naturalis historia/Naturgeschichte*, Philipp Reclam jun. Verlag, Ditzingen 2005

Prosper Tiro von Aquitanien: »Chronica minora saec. IV.V.VI.VII.«. In: Theodor Mommsen (Hg.): *Monumenta Germaniae Historica Auct. Ant. 9*, Berlin 1892

Schallmayer, Egon: *Der Limes,* Verlag C. H. Beck, 3. Auflage, München 2011

Schallmayer, Egon (Hg.): *Hundert Jahre Saalburg. Vom römischen Grenzposten zum europäischen Museum,* Verlag Philipp von Zabern, Darmstadt 1997

Tacitus: *Annalen,* Philipp Reclam jun. Verlag, Ditzingen 2013

Tacitus: *Germania,* Anaconda Verlag, Köln 2013

Tacitus: *Agricola,* Philipp Reclam jun. Verlag, Ditzingen 1986

Timpe, Dieter: *Der Triumph des Germanicus. Untersuchungen zu den Feldzügen der Jahre 14–16 n. Chr. in Germanien*, Dr. Rudolf Habelt GmbH, Bonn 1968

Vergil: *Aeneis,* Philipp Reclam jun. Verlag, Ditzingen 2012

Whittaker, C. R.: *Rome and its Frontiers: The Dynamics of Empire*, Routledge-Verlag, London 2008

Wolff, Georg: »Zur Geschichte des Obergermanischen Limes«. In: Bericht der Römisch-Germanischen Kommission 9, Baer-Verlag, Frankfurt a. M. 1916

Wrench, Guy Theodore: *Reconstruction by Way of the Soil*, CreateSpace Independent Publishing Platform, 2013

Register

153

Bildnachweise

Am Text

Braunschweigisches Landesmuseum: 55
Kabel, Matthias: 31, 38, 112
Regionalia Verlag, Archiv: 16, 18, 20, 22, 47, 49, 54, 73, 104
Wikimedia Commons: Robysan, 11; Umberto, 12; Oliver Abels, 21; CyArk, 27; Römerpark, 29; Presse03, 30; Nihad Hamzic, 33; Arnoldius, 35; Mediatus, 37; BishkekRocks, 40; Cplakidas, 41, 79, 137; Glauco92, 45; Am Altenberg, 50; Haselberg–müller, 53, 64; Unbekannt, 57 (oben), Fabienkhan, 57 (unten); Bullenwächter, 60; Veleius, 67, 69 (unten), 74, 78, 90, 109, 113, 116, 119 (unten), 131; Richard Mayer, 69 (oben); Jona lendering, 84; Hans Weingartz, 95, Holger Weinandt, 96, 100; Hartmann Linge, 97 (oben), 99; Dominic Z., 101; myself, 117, 123; F5ZV, 119 (oben); Bob Embleton, 121; Oliver Dixon, 122; NormanEinstein, 124; Excalibur 125 (oben); Kim Traynor, 125 (unten); Chris McKenna, 126; Pudelek, 130; Rapsak, 135; ThomasPusch, 138 (unten); Nareklm, 139; Nuno Tavares, 142; Gigillo83, 145; Jarekt, 146; Jerzy Strzelecki, 147; Ataraxis1492, 149.
Sonstige, gemeinfrei: 14, 15, 24, 43, 71, 72, 81, 83, 94, 97 (unten), 98, 128, 138 (oben)

Bildtafeln

Nach S. 48

Kabel, Matthias: 7.
Wikimedia Commons: 1. Haselburg–müller, 2. Georgio, 3. Furfur, 4. Haselburg–müller, 5. Mediatus, 6. Haselburg–müller
Sonstige, gemeinfrei: 8.

Nach S. 112

Kabel, Matthias: 1.
Sauber, Wolfgang: 6, 7.
Wikimedia Commons: 2. Mediatus, 4. LBI ArchPro, 5. Christian Rosenbaum, 8. Mlm42.
Sonstige, gemeinfrei: 3.